湖南省能源发展报告 2025

Annual Report on Hunan’s Energy Development 2025

湖南省发展和改革委员会
湖 南 省 能 源 局
湖南省能源规划研究中心
湖 南 省 能 源 协 会
编著

内 容 提 要

本报告全面梳理总结2024年湖南省能源发展基本情况，重点分析当前能源行业热点和焦点问题，客观中立、观点突出。全书从能源综合、消费、供应、节约、“双碳”、政策、技术、合作、热点、展望10个方面，以准确客观的统计数据、形象直观的图形图表和简洁凝练的文字表述，全面把握湖南省能源发展脉络，科学研判未来能源发展趋势，具有一定的参考价值。本报告可供政府部门、相关企业、金融机构等行业内外人士阅读参考。

图书在版编目（CIP）数据

湖南省能源发展报告 . 2025 / 湖南省发展和改革委员会等编著 . -- 北京 : 中国电力出版社 , 2025. 6.

ISBN 978-7-5239-0127-4

Ⅰ . F426.2

中国国家版本馆 CIP 数据核字第 2025EZ9508 号

审图号：GS 京（2025）1077 号

出版发行：中国电力出版社
地　　址：北京市东城区北京站西街 19 号（邮政编码 100005）
网　　址：http://www.cepp.sgcc.com.cn
责任编辑：赵　杨（010-63412287）
责任校对：黄　蓓　郝军燕
装帧设计：赵姗姗　永诚天地
责任印制：石　雷

印　　刷：北京瑞禾彩色印刷有限公司
版　　次：2025 年 6 月第一版
印　　次：2025 年 6 月北京第一次印刷
开　　本：889 毫米 ×1194 毫米　16 开本
印　　张：9.75
字　　数：213 千字
定　　价：60.00 元

编委会

前言

2024年是中华人民共和国成立75周年，是实现“十四五”规划目标任务的关键一年。面对外部压力加大、内部困难增多的复杂严峻形势，湖南省能源行业坚持以习近平新时代中国特色社会主义思想为指导，全面贯彻落实党的二十大、二十届二中、二十届三中全会精神和习近平总书记考察湖南重要讲话和指示精神，推动党中央、国务院和省委省政府各项决策部署在湖南能源领域走深走实，有效延续“稳”的势头，坚定迈出“进”的步伐，逐步积累“好”的因素，推动能源发展改革工作取得显著成就。这一年，能源建设、运行、价格“三位一体”机制正式运行，一批国家重点能源保供项目顺利推进，能源绿色低碳转型成效明显，为实现“三高四新”美好蓝图、全面建设中国式现代化湖南篇章提供坚强能源支撑。

为顺应新征程能源发展要求，湖南省发展和改革委员会、湖南省能源局、湖南省能源规划研究中心、湖南省能源协会共同组织编写了《湖南省能源发展报告2025》（简称《报告》），以期共享能源智库成果，共谋湖南能源发展。

《报告》对2024年湖南省能源行业发展状况进行了系统梳理和全面总结，科学研判2025年及未来发展趋势，同时聚焦“十五五”能源规划、能源法、新能源电价市场、绿色智能计算产业、全国统一电力市场等热点话题，提出相关建议。在内容安排上，《报告》继续以“四个革命、一个合作”为主线展开，在延续往年能源综合、消费、供应、“双碳”、政策、技术、合作、热点、展望等9个篇章的基础上，增加了能源节约篇，更加全面展现了湖南在推动实现碳达峰碳中和目标过程中所作出的努力和成绩。在编写方式上，《报告》力求以统计数据为支撑，图文并茂、形象直观，旨在方便阅读、利于查检、突出重点、凝聚焦点，以利于总体把握湖南省能源发展主脉络。

感谢相关政府部门、能源企业和社会各界对本书编撰工作的支持。因时间有限，书中难免存在纰漏和不足，敬请各位专家和读者批评指正！

《湖南省能源发展报告 2025》编写组

2025 年 5 月

目录

1 能源综合篇

CHAPTER ONE

1.1 宏观经济

1. 全球经济缓慢复苏❶

全球经济增长
3.2%

较上年增速下降
0.1 个百分点

在经历了疫情、地缘冲突、通货膨胀和货币政策紧缩等多重冲击后，2024 年全球经济展现出超预期的韧性，但增速趋缓。根据国际货币基金组织（International Monetary Fund，IMF）的数据统计，2024 年世界国内生产总值增长 3.2%，较上年增速下降 0.1 个百分点，2020—2024 年是 30 余年以来全球经济增长最为缓慢的 5 年。

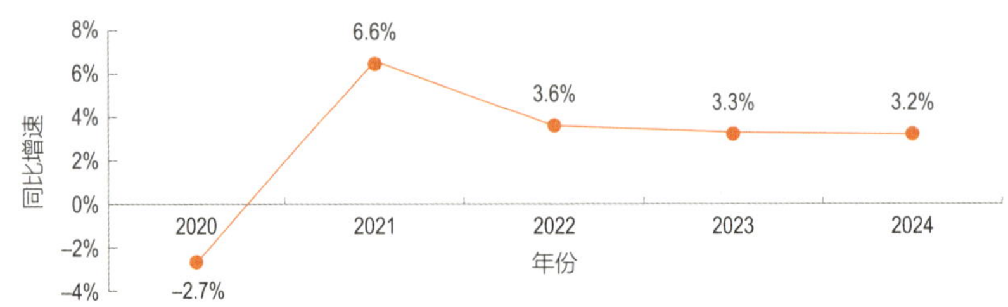

2020—2024 年全球经济同比增速

2. 全国经济稳中有进❷

全国 GDP
135 万亿元
稳居世界第二

同比增长
5.0%

2024 年，是实现“十四五”规划目标任务的关键一年，面对外部压力加大、内部困难增多的复杂严峻形势，我国经济运行总体平稳、稳中有进。国内生产总值（gross domestic product，GDP）达到 135 万亿元，同比增长 5.0%，总量稳居世界第二位，增速高于美国、日本、德国等世界主要发达经济体。

2020—2024 年全国 GDP 情况

国家	GDP（万亿美元）
美国	29.17
中国	18.27
德国	4.71
日本	4.07
印度	3.89
英国	3.59
法国	3.17
意大利	2.38
加拿大	2.21
巴西	2.19

2024 年 GDP 前十名国家排行榜

❶ 数据来源于国际货币基金组织。
❷ 数据来源于国家统计局。

3. 湖南经济进中向好[1]

2024 年，湖南锚定“三高四新”美好蓝图，全力做好“十个统筹”[2]着力推进“八大行动”[2]，全年经济呈现“总体平稳、稳中有进、结构优化、质态向好”的良好态势。

◆ 经济总量稳步提升

2024 年，湖南 GDP 达到 5.32 万亿元，位居全国第十位，同比增长 4.8%。从全年来看，呈现出“前稳、中低、后扬”的发展轨迹，一季度平稳开局，增长 4.8%；二季度回落探底，增长 4.3%；三季度企稳回升，增长 4.6%，追平全国；四季度加速上扬，增长 5.6%，高于全国 0.2 个百分点。

湖南 GDP
5.32 万亿元
位居全国第十

同比增长
4.8%

2020—2024 年湖南 GDP 情况

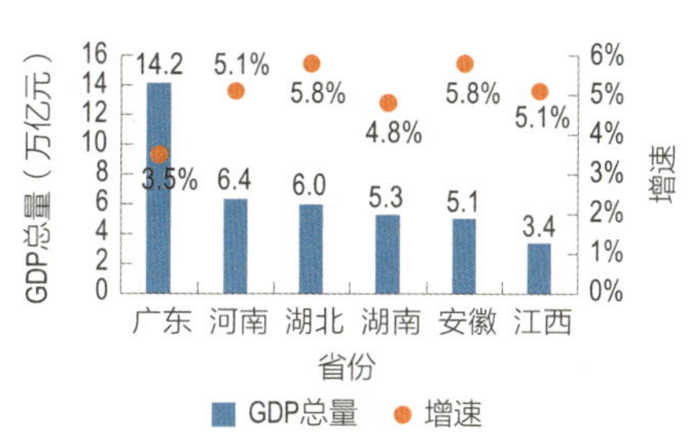

部分省份 2024 年 GDP 情况对比

◆ 工业主引擎作用凸显

2024 年，湖南三次产业结构为 9.2∶36.7∶54.1。工业增加值同比增长 6.6%，拉动经济增长 2 个百分点，对经济增长贡献率为 41.5%，发挥了稳增长的“主引擎”和“顶梁柱”作用。其中，规模工业增加值同比增长 7.3%，高于全国 1.5 个百分点。

工业增加值增长
6.6%

对经济增长贡献率
41.5%

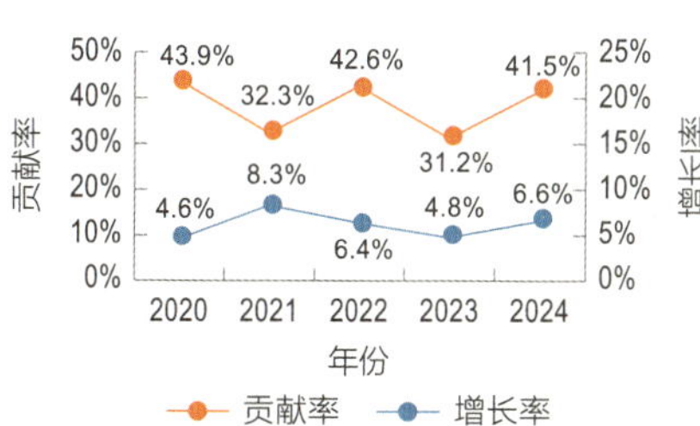

2020—2024 年湖南工业对经济增长贡献率和工业增加值增长率

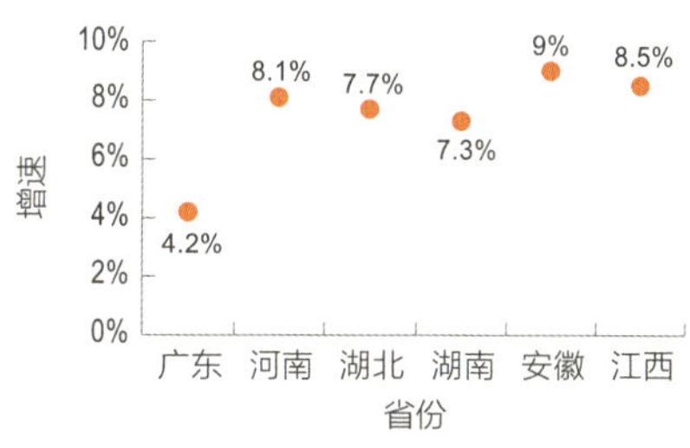

部分省份 2024 年规模工业增加值增速对比

---

[1] 数据来源于湖南省统计局。

[2] “十大统筹”包括统筹好稳和进、立和破；统筹好稳增长和稳预期；统筹好扩内需和优供给；统筹好城市和农村；统筹好发展经济和改善民生；统筹好开源和节流；统筹好高质量发展和高水平安全；统筹好现代化产业体系建设和区域协调发展；统筹好园区内和园区外；统筹好“条”和“块”。“八大行动”包括产业培塑行动；创新提升行动；激发需求行动；改革攻坚行动；主体强身行动；区域共进行动；安全守底行动；民生可感行动。

新质生产力快速成长

高技术制造业
同比增长
13.7%

2024 年，湖南规模以上装备制造业和高技术制造业增加值分别同比增长 8.4% 和 13.7%，分别高于全部规模工业 1.1、6.4 个百分点。高技术产业投资增长 7.4%，高于全部固定资产投资增速 4.6 个百分点。规模以上科技推广和应用服务业、专业技术服务业、研究和试验发展、互联网和相关服务企业营业收入分别同比增长 15.4%、8.6%、7.8% 和 7.6%，对全部规模以上服务业的增长贡献率合计为 24.2%。

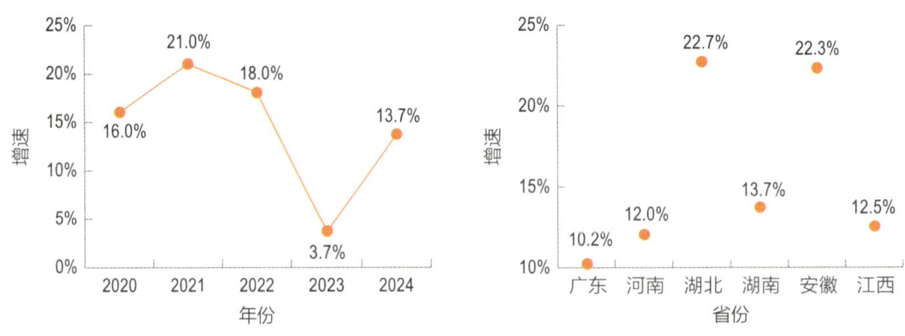

2020—2024 年湖南规模以上高技术制造业增长情况

部分省份 2024 年规模以上高技术制造业增速对比

区域发展协调推进[1]

长株潭 GDP
占全省比重为
41.6%

2024 年，湖南在强化“一核”牵引、增强“两副”能级、提升“四区”[2]优势上取得显著成绩，长株潭 GDP 占全省比重为 41.6%，牵引作用逐步增强；岳阳、衡阳 GDP 总量分别居全省第二、第四，经济增速分别高于全省 0.1、0.6 个百分点，增长动力强劲；湘南、湘西地区投资增长分别为 6.7%、4.4%，分别高于全省 3.9、1.6 个百分点，承接产业转移效果明显。

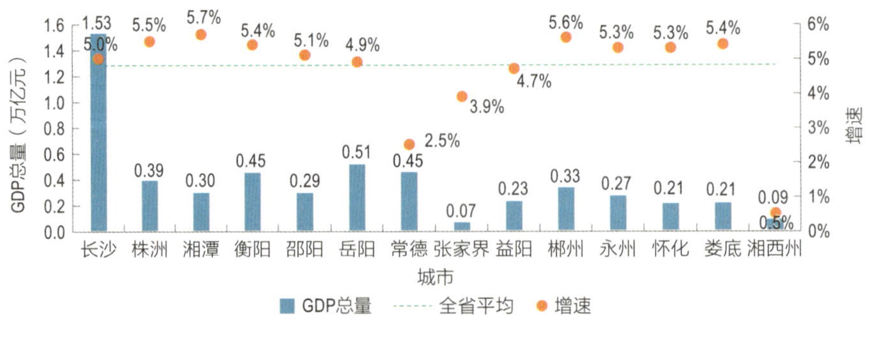

2024 年湖南各市州 GDP 情况

---

1. 数据来源于湖南省各市州统计局。
2. “一核”是指打造长株潭核心增长极；“两副”是指建设岳阳、衡阳两个省域副中心城市；“四区”是指推动长株潭、洞庭湖、湘南、湘西四大区域板块协调联动发展。

1.2 全国能源发展总体情况

1. 能源消费情况[1]

◆ 消费总量稳步提升

2024 年，全国能源消费总量为 59.6 亿吨标准煤，同比增长 4.3%。其中，煤炭消费 48.1 亿吨，同比增长 1.7%；原油消费 7.5 亿吨，同比下降 1.2%；天然气消费 4310 亿米 ^{3}，同比增长 7.3%。

能源消费总量
59.6 亿吨
标准煤

同比增长
4.3%

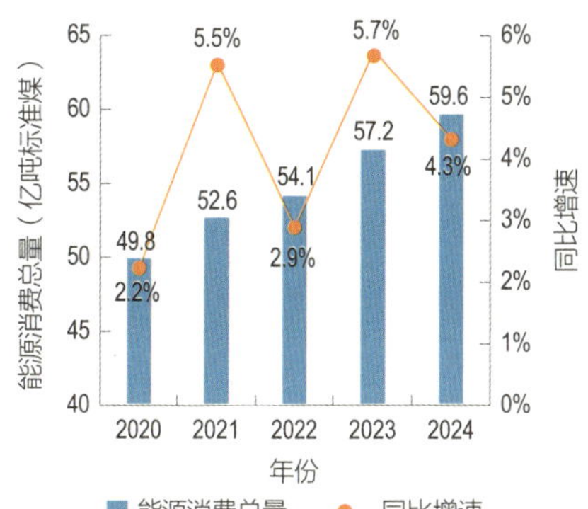

2020—2024 年全国能源消费情况

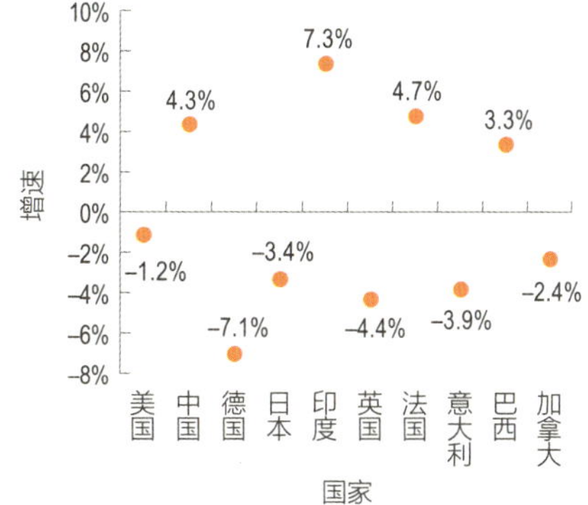

世界主要国家 2023 年一次能源消费增速对比

◆ 能源结构持续优化

2024 年，全国清洁能源消费量占能源消费总量的比重为 28.6%，同比上升 2.2 个百分点；煤炭消费量占能源消费总量的比重为 53.2%，同比下降 1.6 个百分点；全社会用电量 9.9 万亿千瓦时，同比增长 6.8%。

清洁能源消费
占比上升

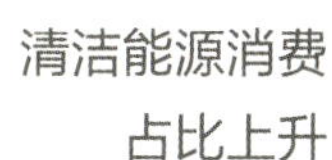

煤炭消费占比下降
1.6 个百分点

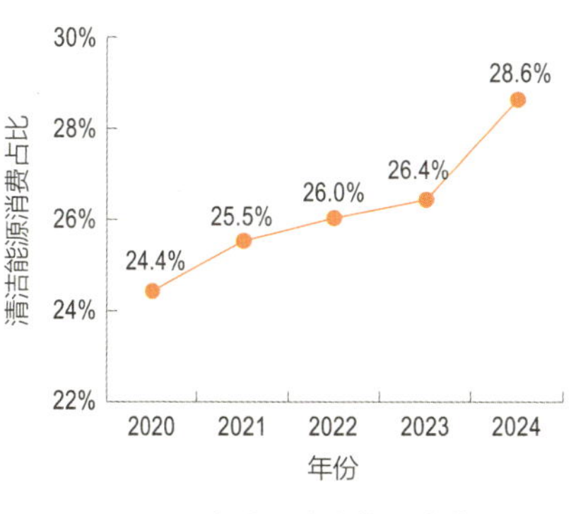

2020—2024 年全国清洁能源消费量占能源消费总量变化情况

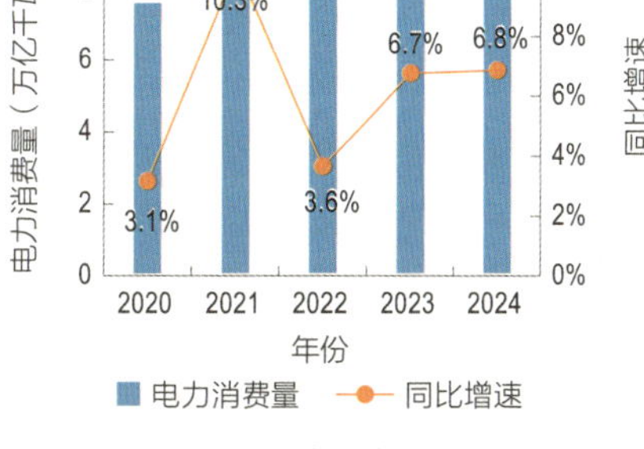

2020—2024 年全国电力消费情况

---

[1] 数据来源于国家统计局和《世界能源统计年鉴》。

◆ 利用效率持续提升

单位 GDP 能耗
同比下降
3.8%

单位 GDP
二氧化碳排放
同比下降
3.4%

火电发电标准煤耗
同比下降
0.2%

2024 年，全国单位 GDP 能耗为 0.46 吨标准煤 / 万元，扣除原料用能和非化石能源消费量后，同比下降 3.8%；单位 GDP 二氧化碳排放同比下降 3.4%[1]；火电发电标准煤耗为 282.6 克标准煤 / 千瓦时，同比下降 0.2%；单位 GDP 电耗为 730 千瓦时 / 万元，同比增长 2.5%。

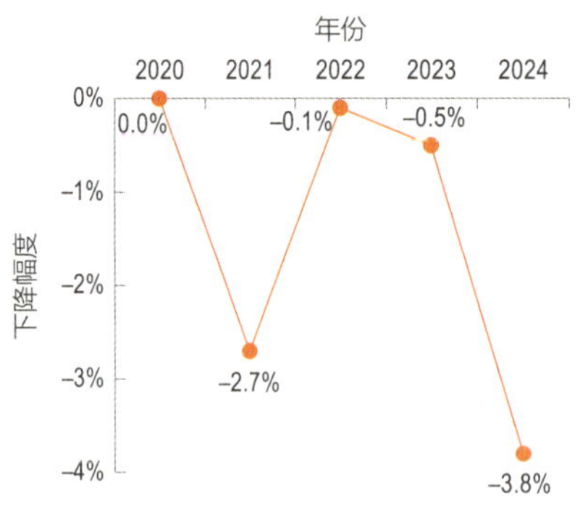

2020—2024 年全国单位 GDP 能耗下降幅度

2020—2024 年全国单位 GDP 电耗情况

2. 能源供应情况

◆ 生产总量稳步增长

能源生产总量
49.8 亿吨
标准煤

同比增长
4.6%

2024 年，全国一次能源生产总量为 49.8 亿吨标准煤，同比增长 4.6%。其中，原煤产量 47.8 亿吨，同比增长 1.2%；原油产量 2.13 亿吨，同比增长 1.8%；天然气产量 2464.5 亿米 ^{3}，同比增长 6.0%。

2020—2024 年全国能源生产总量

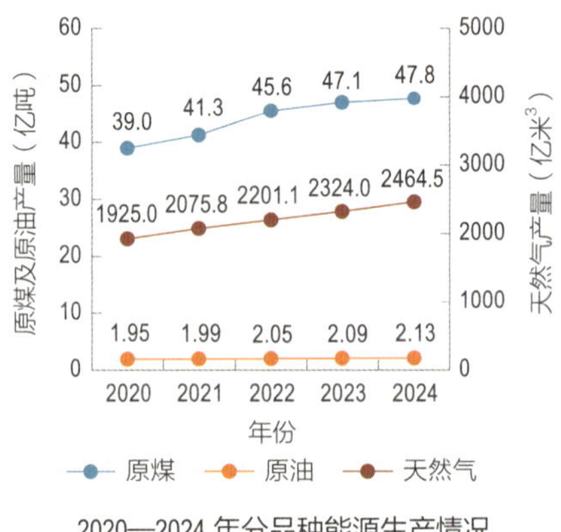

2020—2024 年分品种能源生产情况

[1] 数据来源于中华人民共和国 2024 年国民经济和社会发展统计公报，其中单位 GDP 能耗、二氧化碳排放按 2020 年可比价格计算。

电力低碳转型成效显著[1]

2024 年，全国电源总装机 33.5 亿千瓦，同比增长 14.6%。其中，火电 14.4 亿千瓦（生物质发电 0.5 亿千瓦），占比 43.1%；水电 4.4 亿千瓦（抽水蓄能 0.6 亿千瓦），占比 13.0%；核电 0.6 亿千瓦，占比 1.8%；风电 5.2 亿千瓦，占比 15.5%；太阳能发电 8.9 亿千瓦，占比 26.5%。新能源（风电、太阳能发电、生物质发电）总装机达到 14.5 亿千瓦，占比 43.4%，历史性超过火电成为全国第一大电源。

新能源总装机
14.5 亿千瓦

占比
43.4%

新能源历史性超过火电成为全国第一大电源

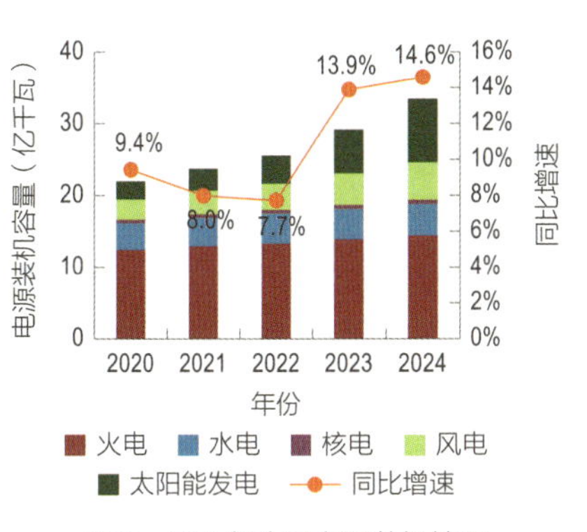

2020—2024 年全国电源装机情况

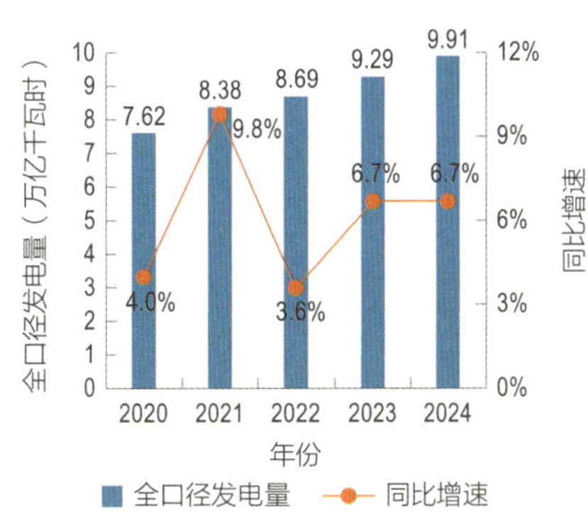

2020—2024 年全国全口径发电量情况

贸易进口有序增长[2]

2024 年，全国煤炭进口 5.4 亿吨，同比增长 14.4%，对外依存度为 11.2%；原油进口 5.5 亿吨，同比下降 1.9%，对外依存度为 72.9%；天然气进口 1.3 亿吨，同比增长 9.9%，对外依存度为 41.6%。

煤炭对外依存度
11.2%

原油对外依存度
72.9%

天然气对外依存度
41.6%

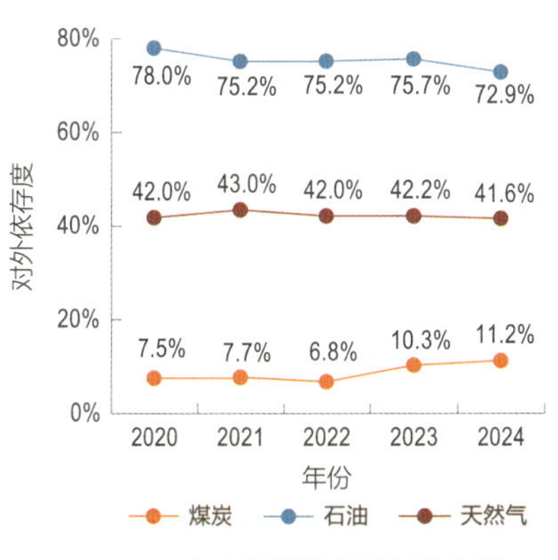

2020—2024 年全国煤油气对外依存度

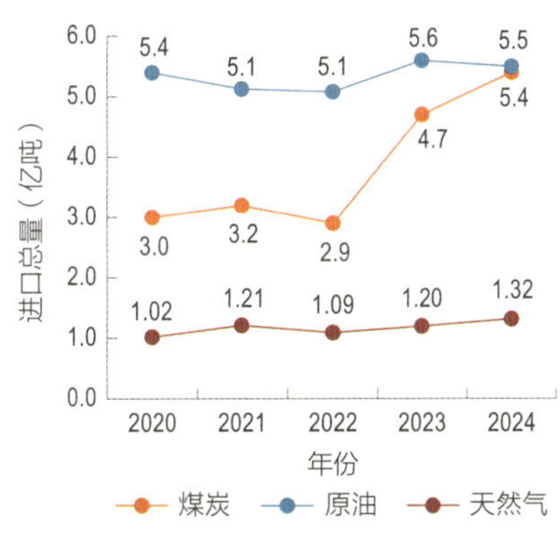

2020—2024 年全国煤油气进口情况

[1] 数据来源于全国电力工业统计快报。

[2] 数据来源于国家统计局及相关资料。

1.3 湖南能源发展总体情况

2024 年，在极端自然灾害天气频发的严峻形势下，湖南省上下“战冰雪、抗洪灾、防台风、斗酷暑”，成功应对了历史最高电力负荷 4611 万千瓦（调度负荷）、天然气日用气量 2306 万米 ^{3} 的严峻考验，实现了全社会用能平稳有序，为经济社会发展提供了坚强的能源保障。

1. 能源消费总量增速回升 [1]

能源消费总量
1.72 亿吨
标准煤

同比增长
2.9%

人均能源消费
为全国平均的
62.2%

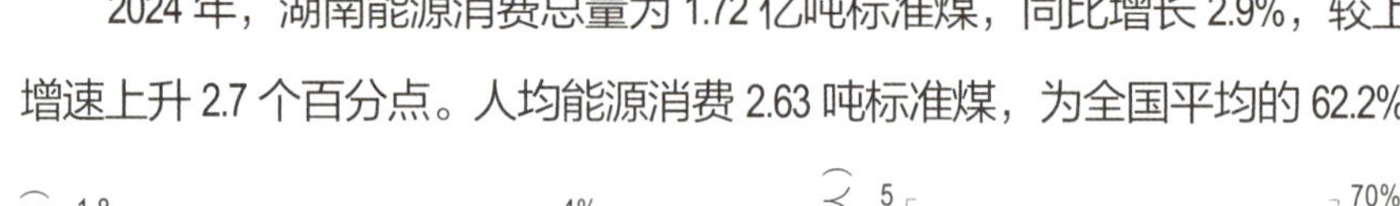

2024 年，湖南能源消费总量为 1.72 亿吨标准煤，同比增长 2.9%，较上年增速上升 2.7 个百分点。人均能源消费 2.63 吨标准煤，为全国平均的 62.2%。

2020—2024 年湖南省能源消费情况

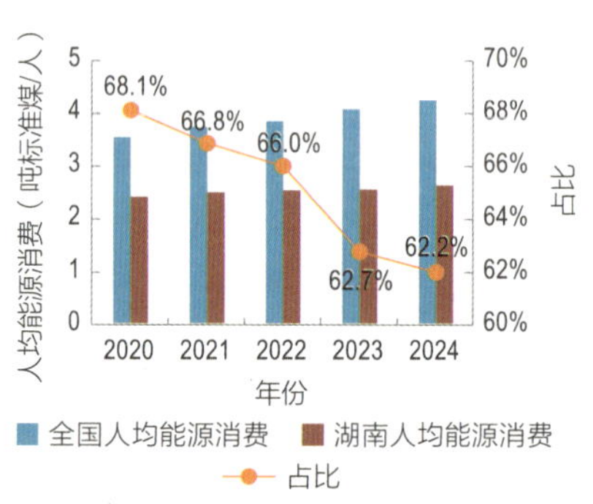

2020—2024 年湖南人均能源消费情况与全国平均对比

2. 能源生产能力快速提升

一次能源综合
生产能力突破
4350 万吨
标准煤

电力稳定供应
能力提升到
4650 万千瓦以上

2024 年，湖南一次能源综合生产能力实现历史性突破，达到 4350 万吨标准煤，省外调入约 1.29 亿吨标准煤，省内能源自给率提升至 25.3%。连续 4 年实现百万千瓦火电机组并网，电力稳定供应能力达到 4650 万千瓦以上。天然气长输管道覆盖 92 个县（市、区）。煤炭产量稳定在 900 万吨以上。

2020—2024 年湖南省能源生产情况

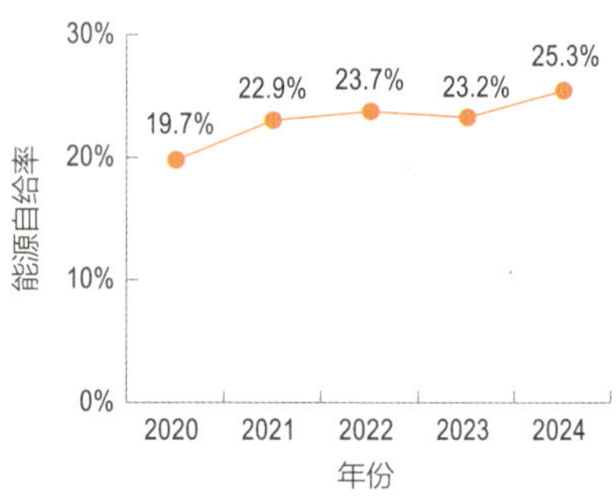

2020—2024 年湖南省能源自给情况

---

[1] 数据来源于国家统计局、湖南省统计局及相关资料。

3. 能源低碳转型成效明显[1]

2024 年，湖南电网风电、光伏发电装机容量达到 2995 万千瓦，占比 38.7%，历史性超过火电成为全省第一大电源。分布式光伏装机增长量占风电、光伏装机增长总量比重达 64.8%，已成为推动湖南省新能源发展的主体电源。经测算，可再生、非水电可再生能源电力消纳责任权重分别为 52.8%、23.6%。完成燃煤机组节能降碳改造 595 万千瓦、灵活性改造 226 万千瓦。累计建成充电基础设施 42.2 万个，提前一年完成“十四五”期间“充电设施保有量达到 40 万个以上”的建设目标。

风电、光伏发电装机成为全省第一大电源

可再生能源电力消纳占比 52.8%

非水电可再生能源电力消纳占比 23.6%

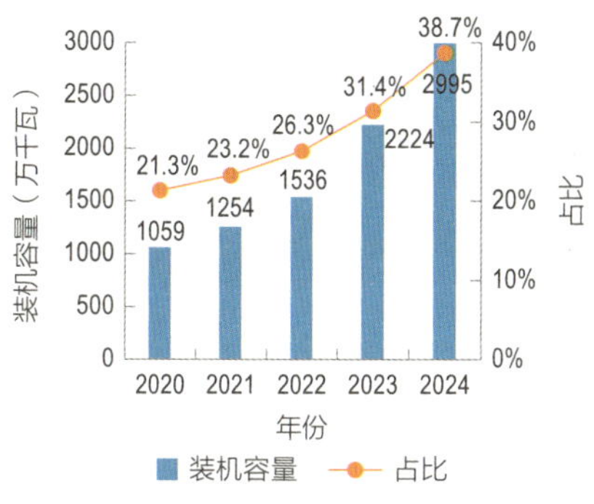

2020—2024 年湖南电网风电、光伏发电装机情况

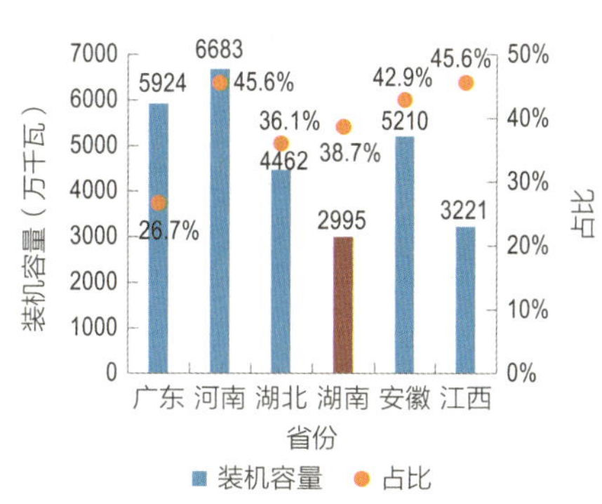

部分省份 2024 年风电、光伏发电装机情况对比

4. 能源利用效率持续提高

2024 年，湖南单位 GDP 能耗 0.34 吨标准煤 / 万元，同比下降 1.8%，为全国的 72.1%。单位 GDP 电耗 446 千瓦时 / 万元，为全国的 61.1%。

单位 GDP 能耗同比下降 1.8%

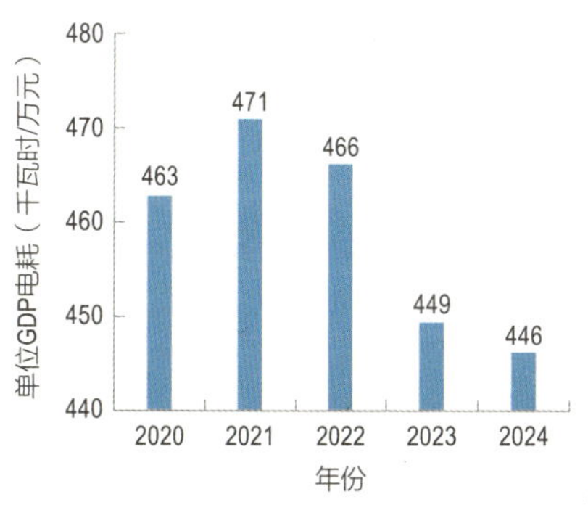

2020—2024 年湖南省单位 GDP 电耗

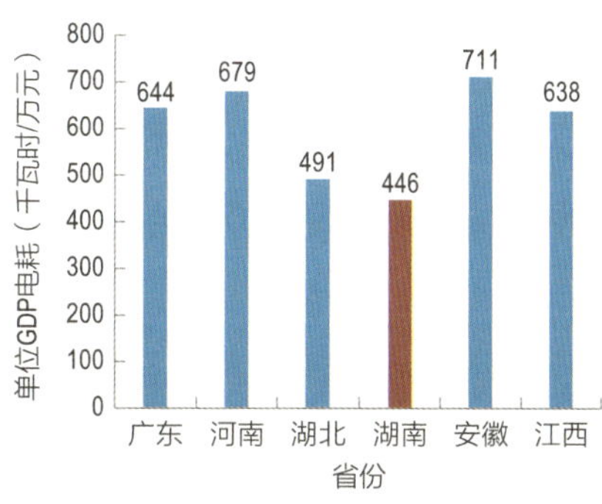

部分省份 2024 年单位 GDP 电耗对比

[1] 数据来源于全国电力工业统计快报及相关资料。

5. 能源产业发展势头强劲

2024 年，湖南省新能源产业营收 6800 亿元，同比增长 2.9%。其中，新能源及电工装备产业营收 2977 亿元，同比增长 4.9%，实现了营收、利润双增长，产业发展初具规模。产业集群积聚快，衡长株潭特高压输变电装备产业集群成为湖南省第 5 个国家先进制造业集群。重点企业发展快，新能源及电工装备产业年营业收入 1 亿元以上企业 417 家，其中百亿级企业 3 家、湖南企业 100 强 6 家、湖南制造业企业 100 强 18 家。市场占有率高，特高压变压器、电抗器产品国内市场占有率达 25%，能源智能计量装备市场占有率超过 20%，海上风力发电机国内市场占有率稳居第一，风电叶片制造规模居国内第二，风电叶片预埋螺套全球市场占有率超 70%。

湖南新能源产业重点企业

电工装备产业	风电产业	光伏产业	氢能产业	储能产业
特变电工	中车株洲	中车时代	三一氢能	杉杉新材
时代新材	三一重能	三一硅能	中车株洲	湖南裕能
金杯电工	兴蓝风电	红太阳	振邦氢能	德赛电池

注：排名不分先后。

6. 能源科技创新实现突破

2024 年，“基于区块链技术的新型储能智慧集控平台”成功入选国家能源领域首台（套）重大技术装备，实现了近年来能源领域首台（套）技术装备的重大突破；成功申报“极端干旱山火大电网灾害预警与安全防御技术”等 3 项国家重点研发计划；长沙县虚拟电厂、江华县全绿电示范区、沅陵县国家农村能源革命试点示范效应显著；国家能源电力新型储能多场景融合技术研发中心、国家能源大规模储能技术装备及应用研发中心、国家能源水电智能远程运维技术研发中心等研发创新平台建设成效明显。

2024 年湖南能源发展大事件专栏

1

1月12日 沅陵获批全国首批农村能源革命试点县

国家能源局、生态环境部、农业农村部联合发布“第一批农村能源革命试点县名单”，全国共 15 个县（市、区、旗）入选，沅陵县是湖南省唯一一个入选的区县。截至 2024 年底，沅陵县水电装机超 270 万千瓦、风电装机超 20 万千瓦，拥有五强溪、凤滩、高滩等数座中大型水电站，是湖南水电装机第一大县。

2

2月9日 湖南打赢抗冰保电攻坚战

2 月 1 日以来，湖南遭遇 2009 年以来强度最大的雨雪冰冻灾害侵袭，长沙等多地线路覆冰严重，线路舞动程度为历史之最，电网安全运行面临严峻挑战。湖南省委、省政府高度重视电力安全，主要领导亲自部署，全省电力企业通力协作，通过采取实时覆冰监测，部署融冰车、主配网融冰装置等措施，累计出动抢修人员 2 万余人・次、抢修车辆 3000 余台・次开展紧急抢修工作，圆满打赢了电力保供攻坚战，确保了人民群众亮亮堂堂地过春节。

2024 年湖南能源发展大事件专栏

3

3 月 27 日 湖南能源集团揭牌成立

3 月 27 日，以原湖南湘投控股集团有限公司为主体组建成立湖南省能源投资集团有限公司，9 月，湖南省能源投资集团有限公司和湖南省煤业集团有限公司合并重组成立湖南能源集团。湖南能源集团定位为湖南综合性能源投资建设运营省级平台和全省能源战略实施主体，承担湖南省能源保供功能性任务，落实省内能源资源开发任务，承接重大能源项目投资建设，代表湖南省开展省内外重大能源项目合作。截至 2024 年底，参控股电力总装机达 2404 万千瓦，其中在湖南省装机容量 1813 万千瓦，占湖南省总装机的 25.6%。

2024年湖南能源发展大事件专栏

4

5月30日 创新推动油气长输管道保护工作

湖南省能源局印发《关于加强涉及油气长输管道第三方施工管理严防损坏油气长输管道的通知》，弥补了湖南省在涉油气相关第三方施工管理的制度空白。该通知明确了三个施工阶段、四个主体的职责任务，要求管道企业建立与其他工程相遇相交台账，签订互保协议，建立完善联合执法机制，畅通举报投诉渠道，营造群防群控、全员参与的管道保护氛围。

5

6月6日 湖南省委、省政府率先制定、印发实施《关于加快规划建设新型能源体系的实施意见》

加快建设新型能源体系是党中央立足新发展阶段、贯彻新发展理念、构建新发展格局，为确保圆满完成“双碳”目标任务而提出的关于能源发展的新定位、新要求和新任务。湖南积极响应国家要求，率先制定了省级新型能源体系实施意见，明确了建设“一核四新三强”即“建设以新型电力系统为核心支撑，以能源结构新、系统形态新、产业体系新、发展机制新为总体特征，保障能力强、支撑作用强、辐射带动强的新型能源体系”，为建设中国式现代化湖南篇章做好能源规划指引。

2024 年湖南能源发展大事件专栏

6

6 月 17 日 湖南省分布式光伏驶入高质量发展快车道

湖南省发展和改革委员会印发《关于做好分布式光伏可开放容量管理有关事项的通知》，湖南省市场监管局发布《分布式光伏接入配电网技术导则》，省电力交易中心出台《湖南工商业分布式光伏参与市场交易实施细则（试行）》，进一步完善了光伏电站开发管理模式，分类推进分布式光伏电站建设，引导工商业分布式光伏参与市场交易，促进湖南省分布式光伏科学高质量发展。2024 年，湖南省风电、光伏发电装机新增 770.5 万千瓦，其中分布式光伏新增 534.8 万千瓦，占风电、光伏发电装机增长总量的 69.4%，已经成为湖南省风电、光伏增长主体。

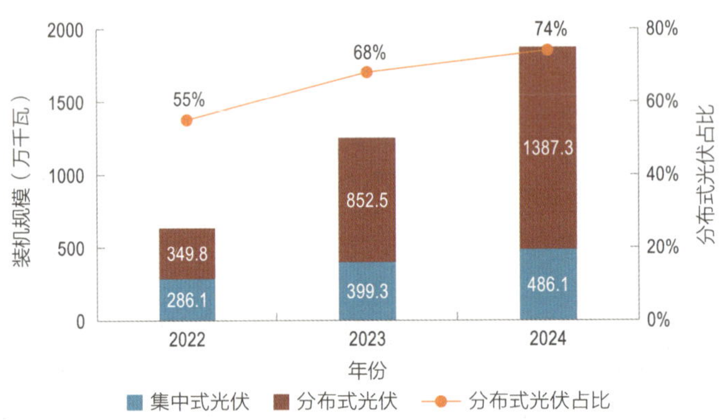

2022—2024 年湖南省分布式光伏装机情况

7

7 月 11 日 全国首个省级新型电力系统创新中心建成投运

该中心是全国首个系统展示新型电力系统建设成效和技术装备的创新中心，集技术展示、科普教育、专业培训、行业交流等多重功能于一体，涵盖电力系统发电、输电、变电、配电、储能、用电各个环节，通过实物展示、模拟演示、互动体验等多种形式，生动展现湖南省新型电力系统构建思路和实践示范。

2024 年湖南能源发展大事件专栏

8

7 月 24 日 圆满完成迎峰度夏电力保供，全社会用电平稳有序

7 月 24 日上午，湖南省委副书记、省长毛伟明主持召开迎峰度夏电力保供调度会，高度重视电力保供工作，明确指示要坚决打赢迎峰度夏电力保供攻坚战。21 时 21 分，湖南省最大电力调度负荷达到 4611 万千瓦，这是迎峰度夏以来第五次创新高，较 2023 年最大负荷增长 10.7%。其中，长沙、株洲、湘潭、岳阳、常德、益阳、张家界 7 市均创新高。湖南省电力系统多措并举，采取稳火电、蓄水电、争外电、强电网措施，筑牢了“尖峰时刻”电力供应基础，确保全省电力安全稳定供应。

9

10 月 11 日 湖南首家注册入市的虚拟电厂正式投运

国网湖南综能星沙虚拟电厂在长沙经济技术开发区揭牌投运，是湖南省首家按照市场规则注册入市的虚拟电厂。截至 2024 年底，星沙虚拟电厂已聚合 26 家客户、总容量 228.2 兆瓦，包含可调节负荷、分布式光伏、集散式（分布式）储能等各类资源，可调节能力 18.1 兆瓦。

2024 年湖南能源发展大事件专栏

10

10 月 15 日 湖南省能源协会正式成立

湖南省能源协会在长沙正式成立，湖南省新能源产业链链长谢建辉，中国工程院院士何继善，湖南省发展和改革委员会党组成员、湖南省能源局局长汤吉鸿等出席湖南省能源协会成立大会。协会以“政企桥梁、行业引领、创新聚能、统筹协调”为宗旨，旨在进一步增强湖南省能源行业自我管理能力，推进行业交流合作，加强团结协作，凝聚社会共识，搭建能源系统高质量发展的体系与平台，全面促进湖南能源高质量发展和新型能源体系的构建。协会会员覆盖湖南省 14 个市州的 220 余家单位和个人。

11

10 月 21 日 发布 2024 年重点推进风光项目清单涉及规模 8.7 吉瓦

湖南省发展和改革委员会印发《关于加快推进 2024 年重点建设风电、集中式光伏发电项目的通知》(湘发改能源〔2024〕888 号)，优选了 2024 年重点建设风电、集中式光伏发电项目 113 个、装机规模 869.8 万千瓦。其中风电项目 81 个、569.3 万千瓦，集中式光伏发电项目 32 个、300.5 万千瓦。这是湖南省新能源建设部门联席会议成立以来联合审查印发的第二批新能源重点项目清单，对于推动新能源项目加快落地、尽快形成有效投资具有重要意义。

2024年湖南能源发展大事件专栏

12 10月22日 湖南天然气长输管网整合取得重大突破

在湖南省委、省政府高度重视下，湖南省发展和改革委员会、国家石油天然气管网集团有限公司湖南分公司、湖南能源集团有限公司在长沙举行三方合作协议签署仪式，重启了自2020年12月省政府与国家石油天然气管网集团有限公司签订战略协议后的管网整合工作，为“气化湖南工程”注入新的动力。根据协议，三方将充分发挥各自优势，在管网整合、管网建设、运营管理、资源调配等方面开展深度合作，共同推动湖南省天然气“一张网”建设，为优化配置全省天然气资源、提高管网运行效率、降低用气成本打下坚实的基础，为湖南省能源结构优化和经济社会可持续发展提供有力保障。

13 10月30日 国家级重大工程取得阶段性进展

湘粤直流背靠背工程、遵义—吉安天然气长输管道工程通过预可研评审。湘粤直流背靠背工程明确了工程规模300万千瓦、柔性直流输电技术路线及换流站落地郴州等内容，是纳入国家“十四五”电力发展规划的12项电力灵活互济工程之一，对于提升湖南省电力应急保障能力、促进电力资源在更大范围内消纳及将湖南省打造成为承西启东、连南接北的区域电力交换枢纽，具有重大战略意义。遵义—吉安天然气长输管道工程作为我国东西向天然气输送的重要战略通道，也是国家重点互联互通工程，建成后将实现中贵线、潜江—韶关段、西二线及西三线互联互通，年输量63亿米^3（湖南省24亿米^3），有利于湖南省天然气供应网络进一步完善，形成物理上的“一张网”，将为湖南省能源安全和可持续发展注入新活力。

2024 年湖南能源发展大事件专栏

14

11 月 1 日 顺利启动电力现货市场整月结算试运行

11 月 1—30 日，组织开展现货市场结算试运行，完成了国家关于湖南电力现货市场阶段目标任务。湖南省发电侧 43 台燃煤机组（总容量 2346.5 万千瓦）和 181 座新能源场站（其中光伏场站 45 座，总容量 375.4 万千瓦；风电场站 136 座，总容量 1001.7 万千瓦）以“报量报价”方式参与现货市场，25 座储能电站（总容量 224.85 万千瓦）以“报量不报价”方式参与现货市场，用户侧 106 家售电公司报量不报价参与现货市场，顺利完成电力现货市场整月结算试运行。

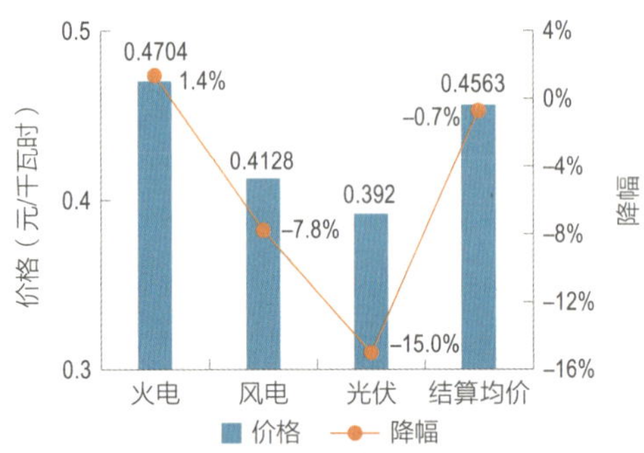

发电侧各品类结算价格相对于中长期合约降幅

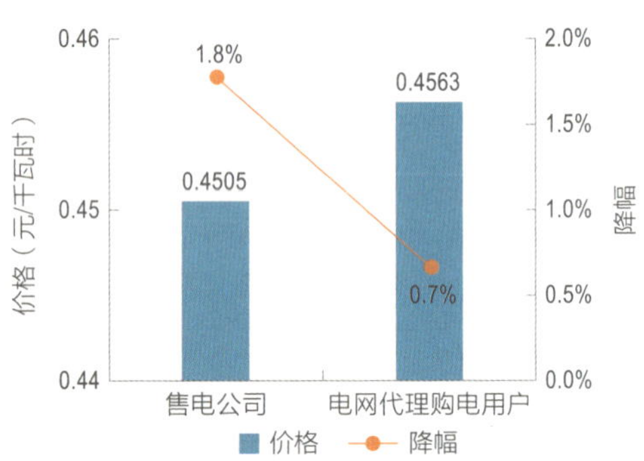

用户侧各品类结算价格相对于中长期合约降幅

15

11 月 8 日 能源法正式颁布，湖南率先学习充电

《中华人民共和国能源法》是我国能源领域第一部基础性、统领性法律，包括总则、能源规划、能源开发利用、能源市场体系、能源储备和应急、能源科技创新、监督管理、法律责任、附则等九章，自 2025 年 1 月 1 日起施行。湖南省发展和改革委员会、省能源局、省能源协会联合举办《中华人民共和国能源法》学习报告会，以“学习贯彻能源法　助力湖南能源高质量发展”为主题，共同探讨实施能源法对湖南能源高质量发展的机遇和挑战。

2024 年湖南能源发展大事件专栏

16 11 月 22 日 湖南实现国家能源领域首台（套）重大技术装备“零的突破”

国网湖南综合能源公司自主研发的基于区块链技术的新型储能智慧集控平台，首次成功入选国家能源局第四批能源领域首台（套）重大技术装备目录，实现了湖南省在该领域“零的突破”。该平台主要通过对分散在各地的电源侧、电网侧、用户侧储能电站的电池及管理系统、功率变换系统、变电系统、动环系统全要素、全时段的在线监控，可实现储能运行、维护等的全流程管理。目前，平台已接入湖南省 37 座电网侧、13 座用户侧储能电站，接入容量超 550 万千瓦时，可有力支撑政府部门对储能行业的管理决策。

17 11 月 26 日 湖南投资建设的首个省外大型煤矿开发项目开工建设

新疆库木塔格矿区一号露天矿项目是新疆维吾尔自治区“十四五”规划建设的矿井，也是湘吐两地全力建设的重点项目。项目计划投资 48.29 亿元，产能 1000 万吨 / 年，预计 2 年后正式供煤，是湖南投资建设的首个省外大型煤矿开发项目，项目建成后将有效增强湖南省煤炭供应保障能力。

2024 年湖南能源发展大事件专栏

18

11 月 30 日 风、光新能源跃升为全省第一大电源

湖南省风、光新能源累计装机容量达到 2835 万千瓦（风电装机 1042 万千瓦、光伏发电装机 1793 万千瓦），历史性超过火电成为全省第一大电源，占电源总装机容量的 38.0%。将为湖南省能源绿色低碳转型和加快建设湖南特色的新型电力系统奠定良好基础。

19

12 月 5 日 油气长输管道领域新添两个应急救援基地

为不断完善湖南省油气长输管道应急救援体系，提升涉油气长输管道突发事件的应急处置能力，湖南省发展和改革委员会为国家管网集团湖南分公司长沙维抢修中心、中石油管道局维抢修公司华中分公司隆重授牌"湖南省油气长输管道应急救援基地"。湖南省油气长输管道领域新添两个应急救援基地，实现了专业领域内常备应急骨干力量零突破，应急保障体系更加完善。

20

12 月 11 日 江华全绿电运行成全国典范

江华县在源、网、荷、储各侧开展全绿电技术示范和创新探索，积极打造全域全年全绿电运行的县级新型电力系统示范区。通过启动农村分布式智能电网建设行动，因地制宜布局新型分布式调相机、高寒山区微电网、低电压治理等示范项目，提高末端电网的新能源承载能力，提升分布式电源的消纳能力和电力供应保障能力。2024 年，江华的清洁能源发电量 28.53 亿千瓦时，是全县用电量的 2.8 倍，全年绿电运行时长占比 97%，居全国第一。2025 年 2 月，江华全年全绿电运行正式启动，实现 100% 绿电运行，成为全国首个县级全时全域全绿电运行示范区。

2024年湖南能源发展大事件专栏

21

12月26日 连续四年新增并网百万机组

益阳电厂三期5号机组首次并网成功，总历时21个月零1天，刷新百万机组建设新纪录。“十四五”以来，湖南已连续四年新增投产百万机组，省内煤电机组结构进一步优化，电力稳定供应能力和灵活调节能力持续提升，为经济社会发展提供了坚实的能源支撑。

22

12月30日 “十五五”能源规划前期研究取得阶段性成果

2024年以来，湖南省能源局牵头组建了21个“十五五”能源规划前期研究工作专班，涵盖省内外科研院所、能源企业、协会学会的12名教授、25名博士及上百名研究人员。按照“1+5+20”能源规划研究体系开展了“十五五”规划前期研究工作，即1个中长期能源发展战略研究，电力、煤炭、石油天然气、可再生能源和能源产业等5个分领域共20个专题，先后深入市州、企业、基层开展调研52次，召开专题会议25场，征集各方意见建议1200余条，形成了88万字体量的26份研究报告。初步明确了湖南“十五五”能源发展的战略构想、总体目标、发展路径，形成了一套完整的规划研究体系成果，为“十五五”能源规划编制打下坚实基础。

2024 年湖南能源发展大事件专栏

23

12 月 31 日 全省政府可调度煤炭静态储备能力突破 300 万吨

湖南能源集团岳阳铁水集运煤炭储备基地一期工程进入试运行阶段，新增湖南政府可调度静态储煤能力 80 万吨。目前，基于 2022 年以来全省已建成煤炭储备基地和中央预算内资金支持建成的煤矿附属储煤场建设规模，全省政府可调度煤炭静态储备能力达 300 万吨。

24

12 月 31 日 湖南高速充电桩高科技缓解新能源车主充电焦虑

2024 年，湖南省高速公路沿线共新建及加密充电车位 488 个，累计建成充电桩 1084 个、充电车位 1975 个、换电站 39 座。通过引入超级充电桩，大幅缩短电动汽车充电时长，让“充电 3 分钟，行驶 200 公里”成为现实；首次将“云眼”系统应用于电动汽车充电场景，远程监测充电桩的实时状况，预测站点拥堵情况，获取并研判充电空位信息，助力现场调度，实现了新能源车主“充电无感”。

2 能源消费篇

CHAPTER TWO

2.1 总体消费情况[1]

能源消费总量
1.72 亿吨标准煤

同比增长
2.9%

能源对外依存度
74.7%

较上年下降
2.5 个百分点

2024 年，湖南省能源消费总量约 1.72 亿吨标准煤，同比增长 2.9%。能源对外依存度约为 74.7%，较上年下降 2.5 个百分点，主要原因为省内水电与新能源发电量同比大幅增加。

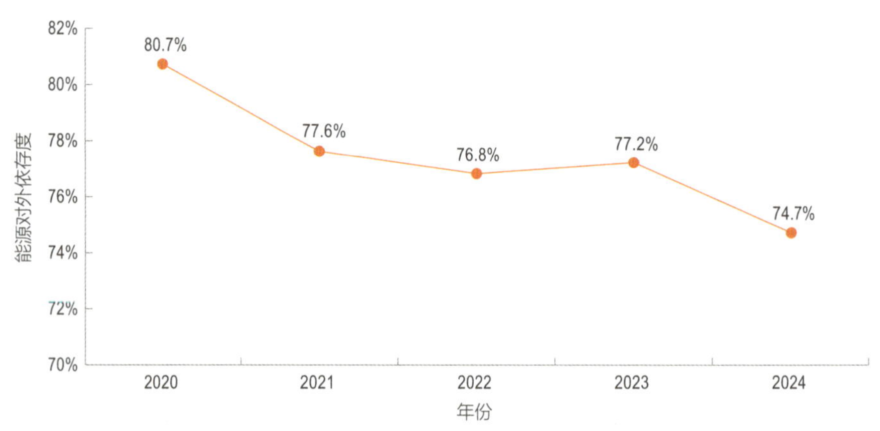

2020—2024 年湖南省能源对外依存度

非化石能源消费占比
26.7%

较上年上升
1.2 个百分点

2024 年，湖南省能源消费结构持续优化。其中，煤炭消费占比 41.6%；非化石能源消费占比 26.7%，较上年上升 1.2 个百分点；天然气消费占比 5.4%，较上年上升 0.2 个百分点；石油消费占比 26.3%，较上年上升 0.5 个百分点。

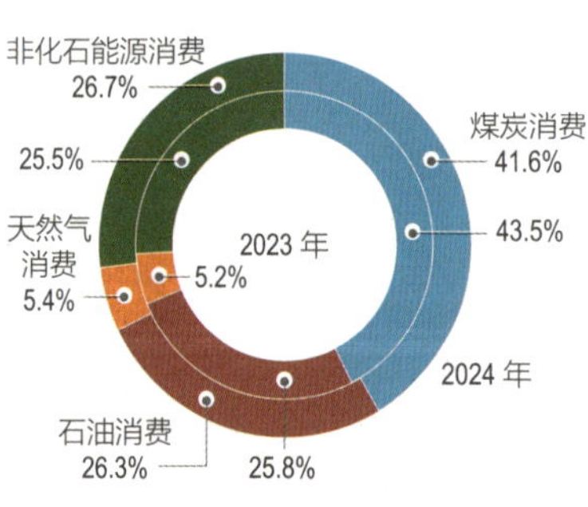

2023—2024 年湖南省能源消费结构

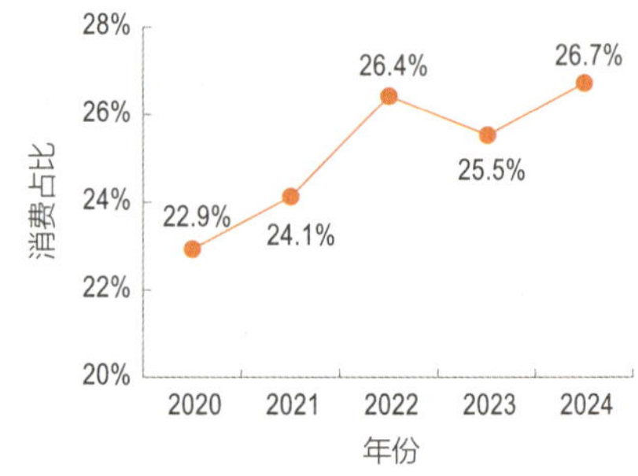

2020—2024 年湖南省非化石能源消费占比

[1] 2020—2023 年历史数据来源于《中国能源统计年鉴》，2024 年湖南省能源总量及煤炭、石油、天然气消费数据均为测算值。

2.2 煤炭消费

2024 年，湖南省煤炭消费量约 8215 万吨，同比下降 2.1%。分行业看，二次产业用煤占煤炭消费总量的 88.6%，仍为煤炭消费领域的绝对主力，其他行业用煤占比均较小。

煤炭消费
8215 万吨

同比下降
2.1%

二次产业用煤占比
88.6%

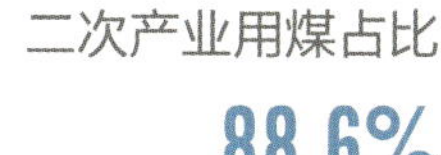

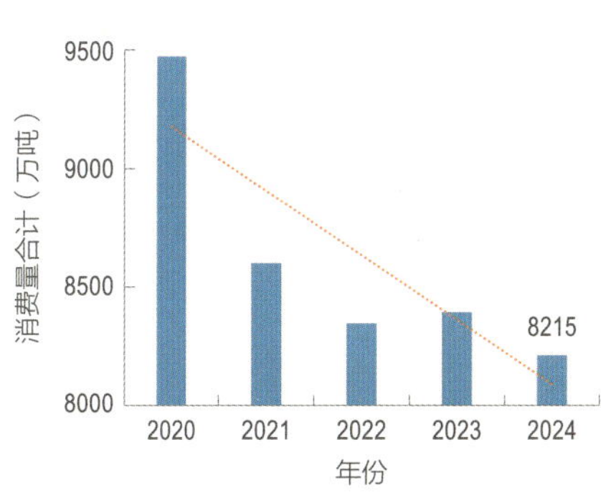

2020—2024 年湖南省煤炭消费情况

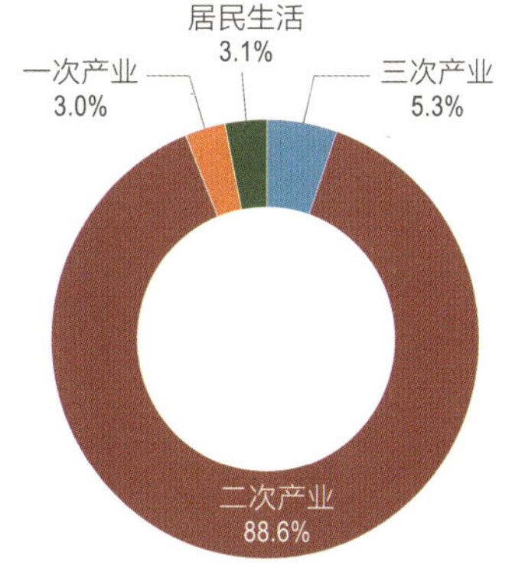

2024 年湖南省分行业煤炭消费结构

2024 年，湖南省主干电厂电煤消费量约为 3404 万吨，同比下降 10.7%。主要原因在于：2023 年水电发电量偏低，煤电发电量增加；2024 年水电发电回归正常水平，因而电煤消费减少。分月来看，电煤消费量呈现“W”形规律变化。

主干电厂电煤消费
3404 万吨

同比下降
10.7%

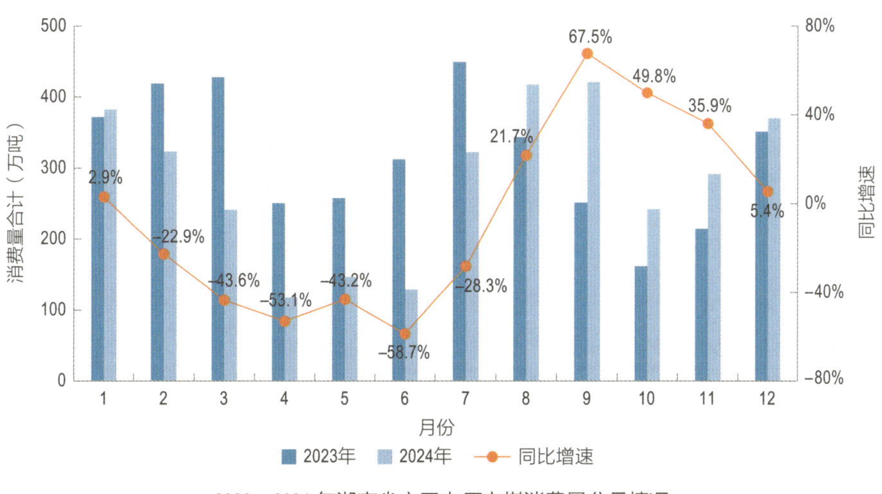

2023—2024 年湖南省主干电厂电煤消费量分月情况

2.3 石油消费

石油消费量
3241 万吨

同比增长
4.8%

成品油消费量
2508 万吨

基本持平

2024 年，湖南省石油消费量约 3241 万吨，同比增长 4.8%；成品油消费量约 2508 万吨，与上年基本持平。

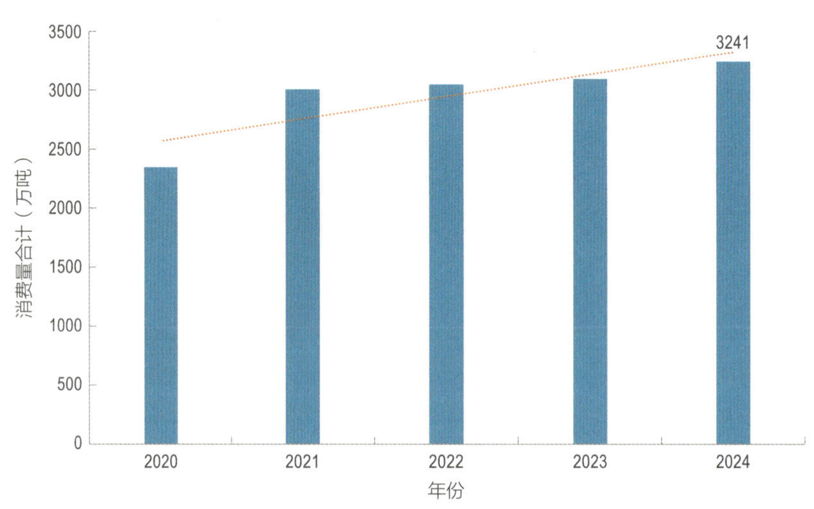

2020—2024 年湖南省石油消费情况

波动区间
170 万 ~**290** 万吨

从省内成品油销售数据看，湖南省成品油逐月销售量处于波动状态，最低点与最高点分别位于 3 月与 1 月，波动区间处于 170 万～290 万吨。

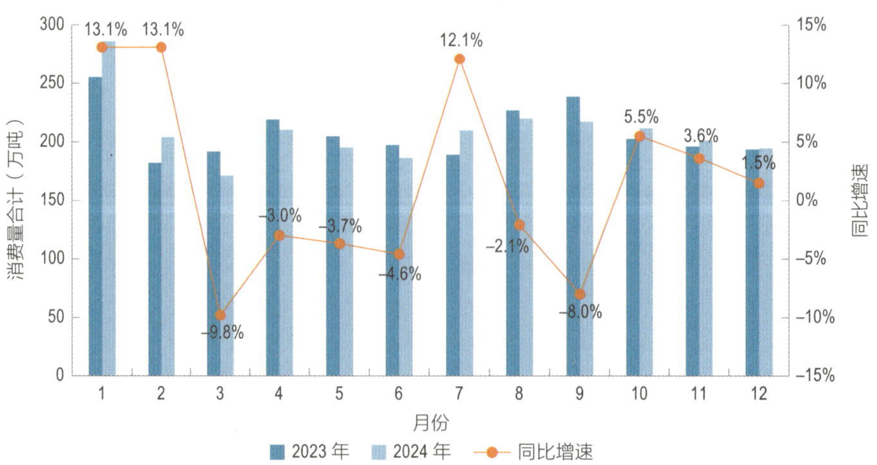

2023—2024 年湖南省成品油分月销售情况

2.4 天然气消费

2024 年，湖南省天然气消费量约 70 亿米^3，同比增长 6.8%。其中管道气消费量占比 92.9%，液化天然气消费量占比 7.1%。居民用气、商服用气、工业燃料与化工用气同比分别增长 6.8%、6.4%、10.2% 与 1.6%，占比分别为 36.5%、21.7%、36.8% 与 2.0%；供暖用气、交通用气分别同比下降 15.6%、25.3%，占比分别为 1.9%、1.1%。

天然气消费
70 亿米^3

同比增长
6.8%

居民用气占比
36.5%

同比增长
6.8%

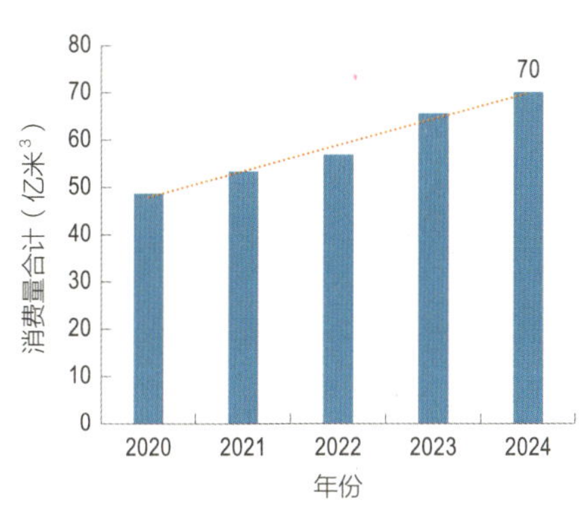

2020—2024 年湖南省天然气消费情况

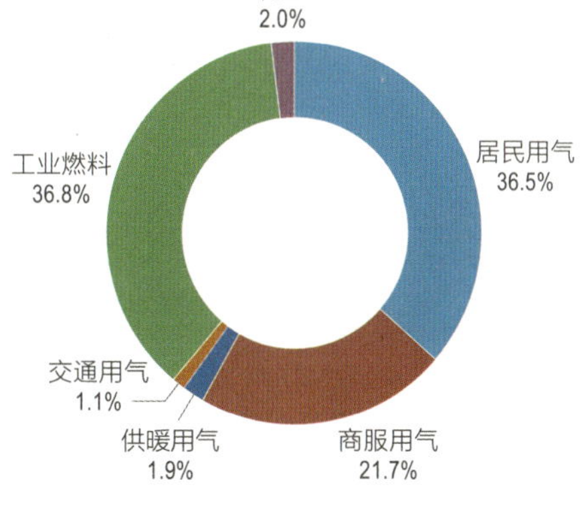

2024 年湖南省天然气消费结构

分月来看，湖南省天然气消费量呈“U”形曲线变化，季节性特征明显，冬季为用气高峰，夏季为低谷，春、秋季需求居中。

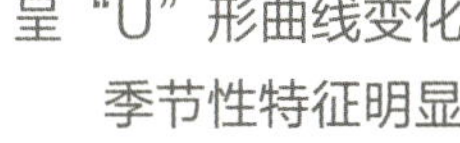

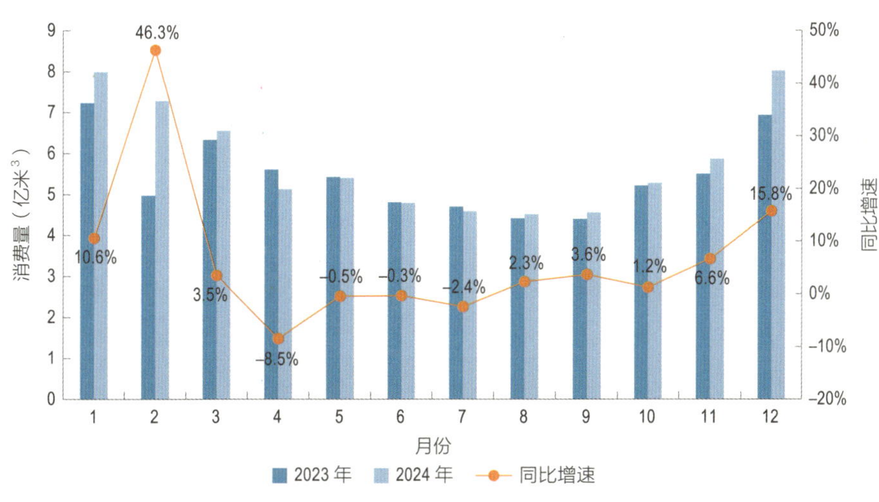

2023—2024 年湖南省天然气分月销售情况

2.5 电力消费[1]

全社会用电量
2374 亿千瓦时

同比增长
4.3%

全社会最大负荷
5200 万千瓦

同比增长
9.5%

2024 年，湖南省全社会用电量为 2374 亿千瓦时，同比增长 4.3%，较上年增加 2.5 个百分点。全社会最大负荷为 5200 万千瓦，同比增长 9.5%，较上年提升 7.3 个百分点。第一产业 32.1 亿千瓦时（占比 1.4%），同比增长 2.1%；第二产业 1130.1 亿千瓦时（占比 47.6%），同比增长 0.5%；第三产业 567.8 亿千瓦时（占比 23.9%），同比增长 16.7%；居民生活用电量 644.1 亿千瓦时（占比 27.1%），同比增长 3.6%。

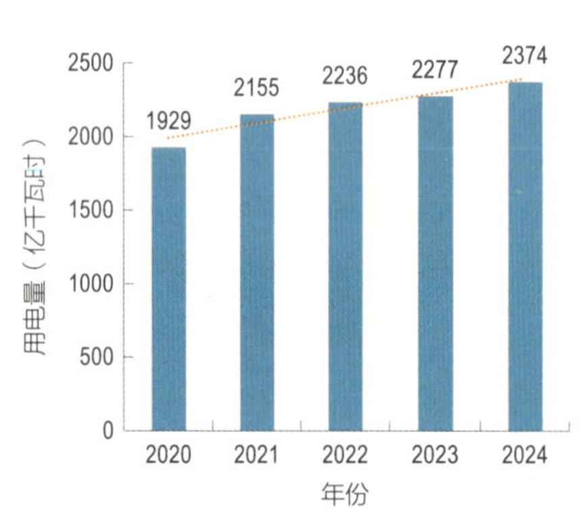

2020—2024 年湖南省全社会用电情况

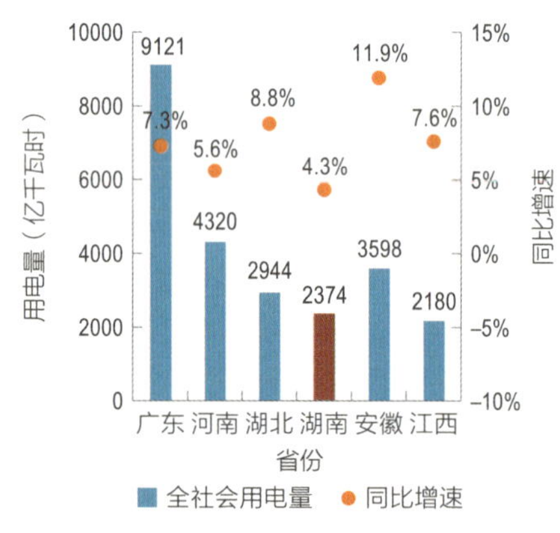

2024 年全国部分省份全社会用电情况

最大月用电量
255 亿千瓦时

同比增长
3.4%

分月来看，湖南省全社会用电量呈“W”形曲线，与气温密切相关。7 月、8 月天气炎热与 1 月、12 月天气寒冷，均为用电高峰；其余月份温度适宜，用电量相对较少。

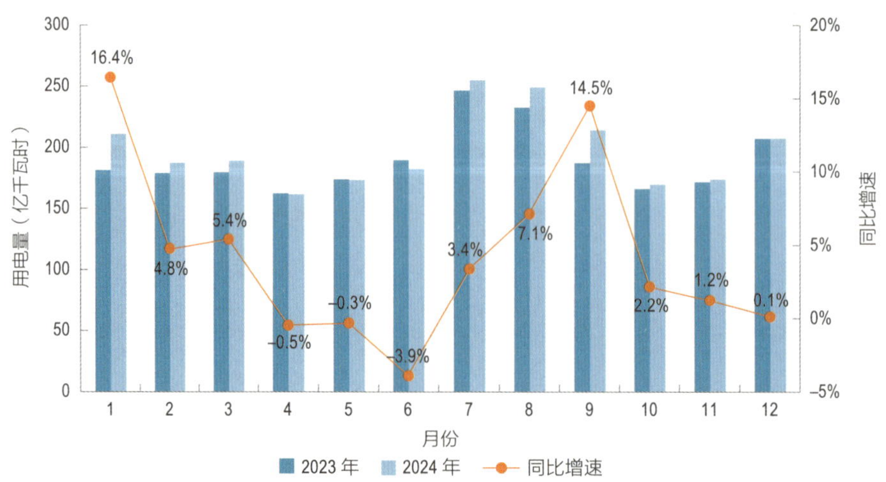

2023—2024 年湖南省分月全社会用电情况

[1] 数据来源于全国电力工业快报。

2024 年，湖南省迎峰度夏调度最大负荷为 4611 万千瓦（7 月 24 日），迎峰度冬调度最大负荷为 3455 万千瓦（12 月 22 日），迎峰度夏、迎峰度冬期间，居民负荷占比超过 44%。其中，迎峰度夏最大负荷日，居民负荷占比 50.0%，较上年下降 5.6 个百分点。

度夏度冬期间
居民负荷占比
超 44%

迎峰度夏居民
负荷占比
50.0%

较上年降低
5.6 个百分点

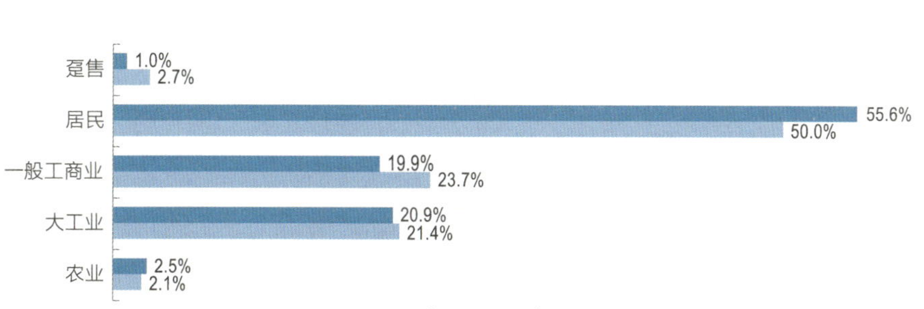

迎峰度夏最大负荷日负荷结构情况

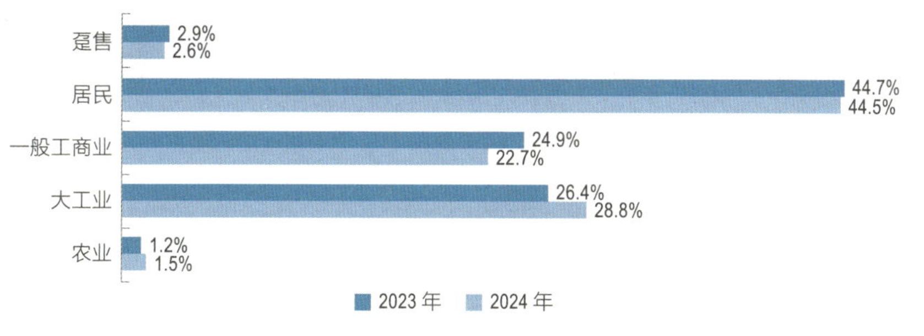

迎峰度冬最大负荷日负荷结构情况

分月来看，湖南省调度最大负荷季节性变化较大，呈现“夏冬”高、“春秋”低“W”形曲线变化。全年调度最大负荷 4611 万千瓦，同比增长 10.7%。其中，9 月调度最大负荷同比增长最多，同比增长 26.9%；12 月同比减少最多，同比减少 7.0%。

调度最大负荷
4611 万千瓦

同比增长
10.7%

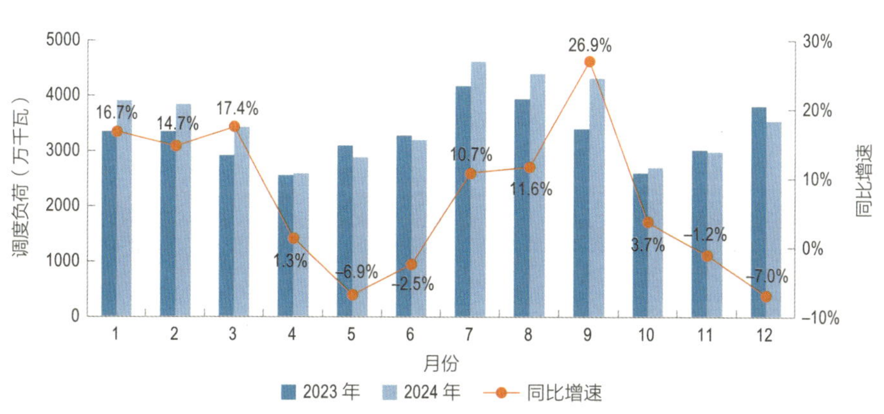

2023—2024 年湖南省分月调度负荷情况

市州电力消费专栏

总体情况

2024 年，湖南省各市州用电水平差异显著，长沙、株洲、湘潭、衡阳、岳阳五地市全社会用电量占全省比重为 54.9%，京广沿线负荷相对集中。分地区来看，湘东、湘南、湘北、湘中、湘西北、湘西六地区用电量占比分别为 37.9%、20.2%、8.8%、12.9%、12.9%、7.4%。

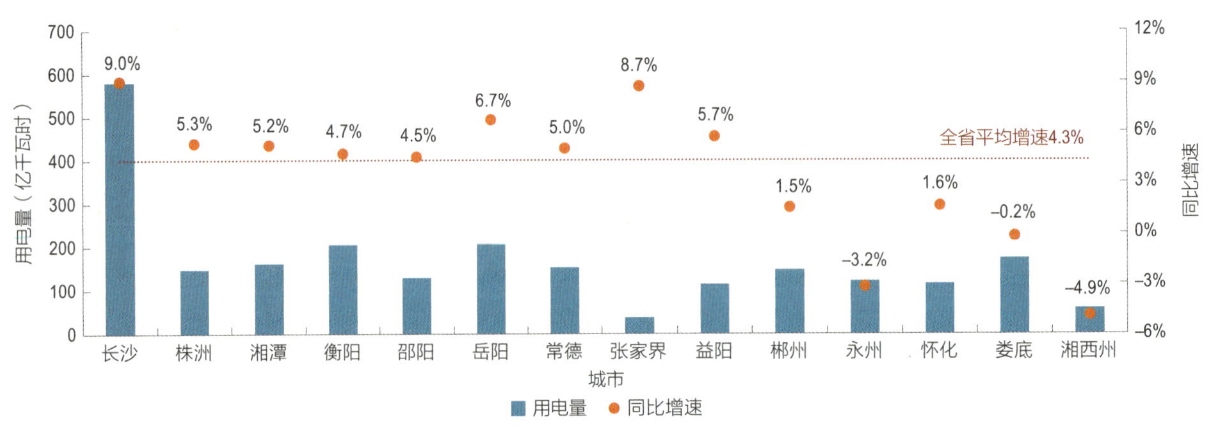

2024 年湖南省市州全社会用电量情况

工业用电情况

2024 年，湖南省工业用电量为 1109 亿千瓦时，与上年基本持平，占全省全社会用电量比重为 46.7%。湘潭、郴州和娄底工业用电量占比较高，均超过 60%。张家界由于旅游业发达，第三产业比重大，工业用电占比仅为 19.0%。

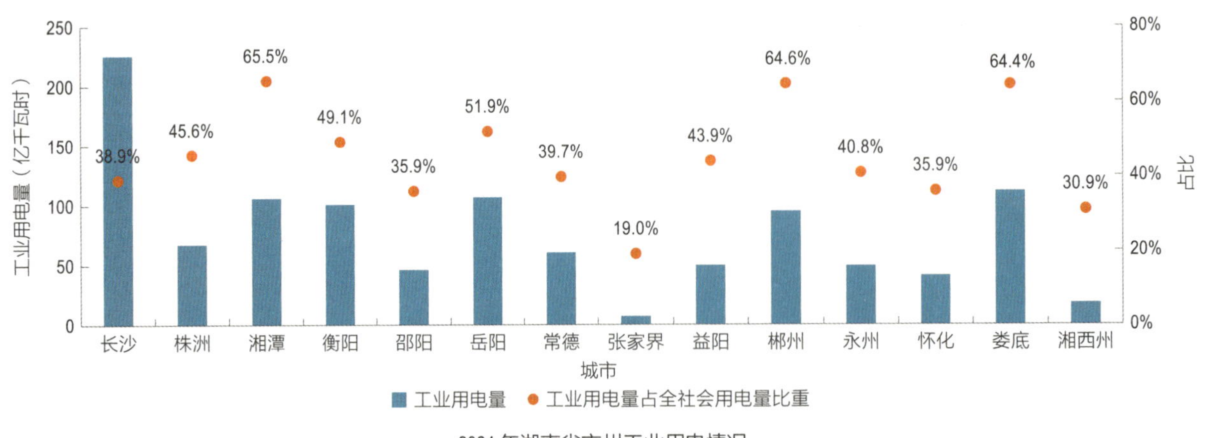

2024 年湖南省市州工业用电情况

行业电力消费专栏

总体情况

2024 年，湖南省全行业用电量增速为 4.3%，较上年上涨 1.5 个百分点。其中，房地产业、批发和零售业、公共服务及管理组织和金融业用电量增速均显著高于 2023 年，分别为 52.3%、17.2%、13.3%、3.1%；农林牧渔业、交运仓储邮政业增速放缓，分别为 10.4%、1.2%。

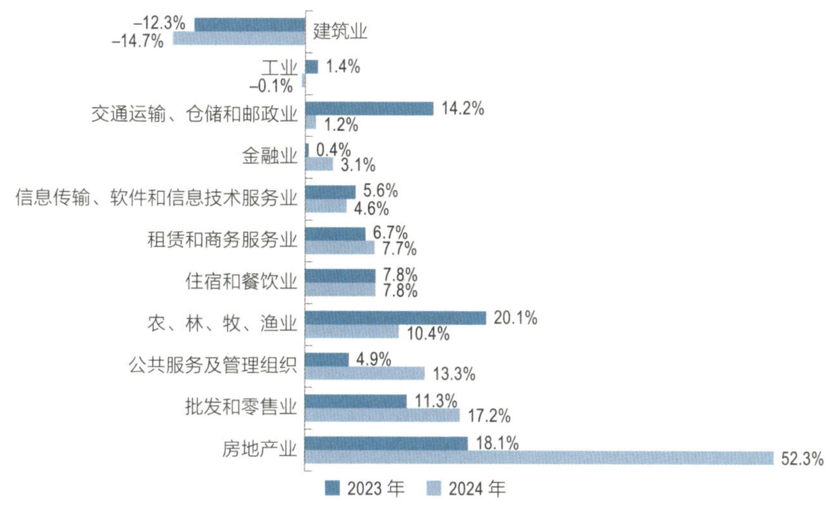

2024 年湖南省分行业用电量增速情况

高耗能行业用电占比持续降低

2024 年，湖南省六大高耗能行业用电量 674 亿千瓦时，同比下降 3.0%，其中电力、热力生产和供应业实现正增长且保持为湖南省第一大用电行业。六大高耗能行业用电量占全社会用电量比重近年来持续下降至 28.4%，较上年降低 2.1 个百分点，节能降耗效果凸显。

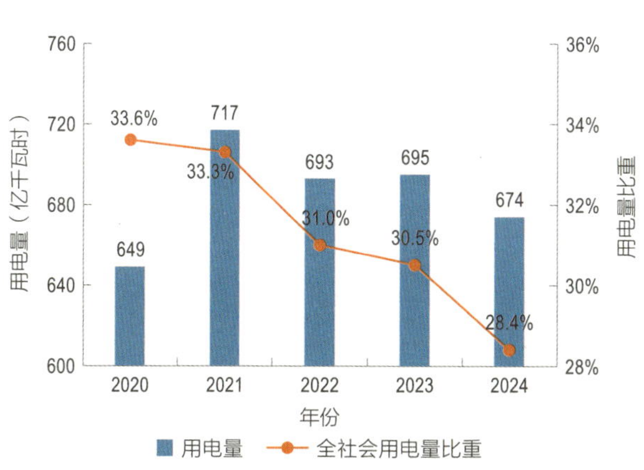

2020—2024 年湖南省高耗能行业占全社会用电量比重

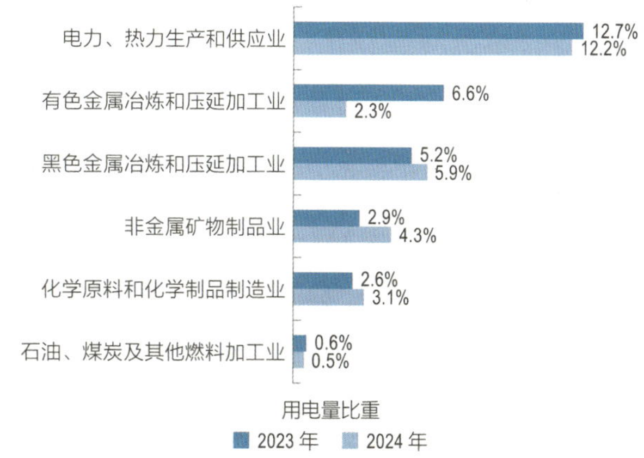

2023—2024 年六大高耗能行业占全社会用电量比重

电力市场专栏

市场准入情况

截至 2024 年底，累计注册市场主体 37379 家（不含非直购发电企业和外省推送售电公司），其中直购发电企业 369 家、批发交易用户 0 家、零售用户 36770 家、售电公司 209 家、独立储能企业 30 家、虚拟电厂 1 家。

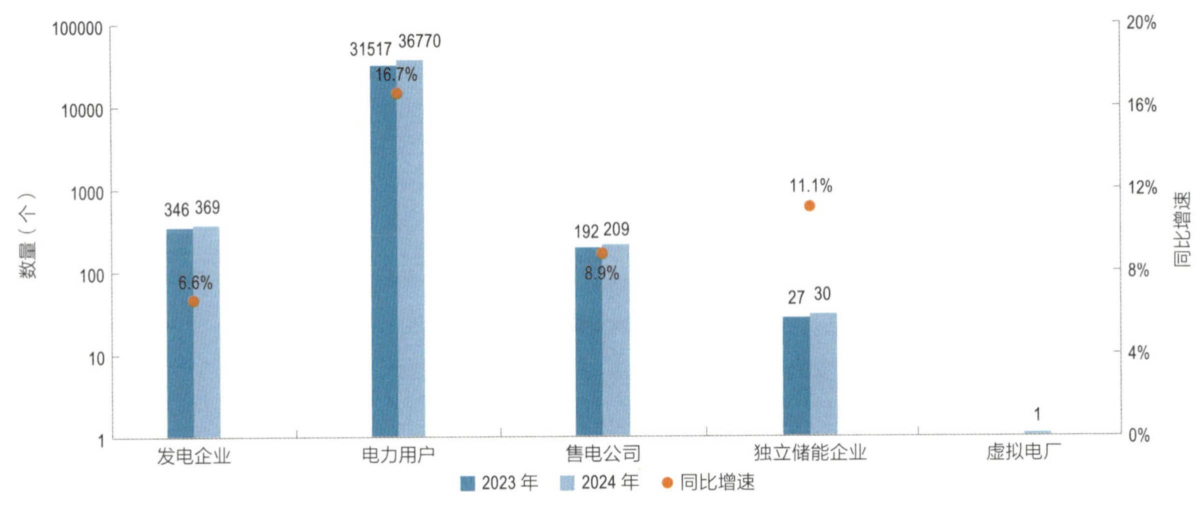

2024 年湖南省电力市场注册主体情况

市场交易情况

2024 年，湖南煤电交易合同电量 682.9 亿千瓦时，新能源交易合同电量 245.6 亿千瓦时，外购电中进入市场电量 218.6 亿千瓦时。湖南电力市场化交易电量 1205.6 亿千瓦时，其中售电公司成交合同电量 854.0 亿千瓦时，电网代理购电交易合同电量 351.6 亿千瓦时。

2024 年湖南省电力市场交易情况

项目	合同电量			市场化交易电量	
主体	煤电	新能源	外购电进入市场电量	售电公司	电网代理购电
电量（亿千瓦时）	682.9	245.6	218.6	854.0	351.6
交易平均价格（元 / 兆瓦时）	475.3	448.3	465.2	466.2	469.0

2.6 能源价格

1. 煤炭价格

◆ 国内价格

2024 年，在煤炭价格调控监管系列措施综合作用下，国内煤炭市场基本保持平稳，价格总体运行在合理区间，环渤海动力煤价格指数全年均价 717 元 / 吨，同比减少 1.4%。

环渤海动力煤价格指数全年均价
717 元 / 吨

同比减少
1.4%

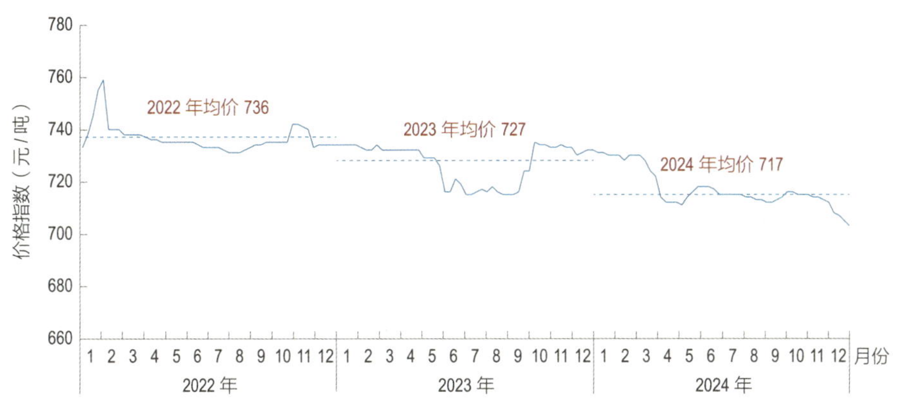

2022—2024 年环渤海动力煤价格指数

◆ 湖南省电煤购进价格

2024 年，湖南主干电厂电煤到厂价格同比减少 1.4%，均价为 1156 元 / 吨，呈现连续下降趋势，全省电煤稳价保供效果显著。

主干电厂电煤到厂价格均价
1156 元 / 吨

同比减少
1.4%

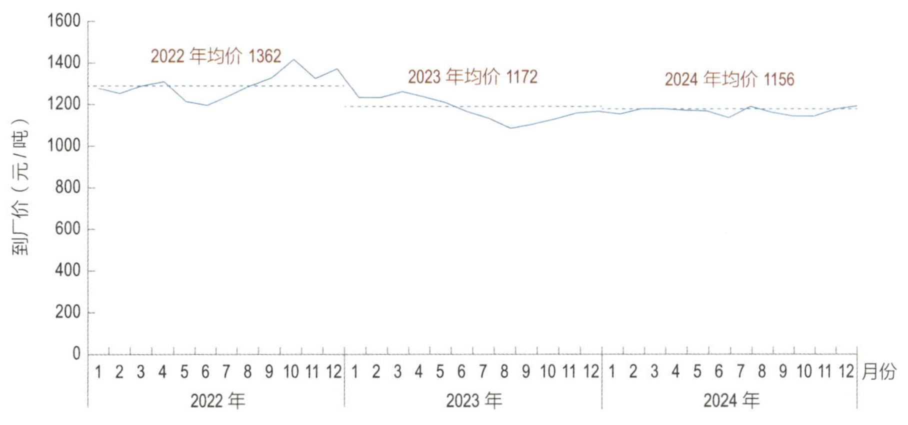

2022—2024 年湖南省主干电厂电煤到厂价

2. 石油价格

◆ 国际油价

布伦特原油现货价格全年均价
80.5 美元 / 桶

同比减少
2.4%

2024 年，国际原油价格振荡攀升后下行，布伦特原油现货价格全年平均为 80.5 美元 / 桶，同比减少 2.4%。第一季度由于地缘政治事件频发、"欧佩克 +"（"OPEC+"）持续减产及其他因素影响，国际原油价格持续攀升；年中至年末由于全球原油需求预期降低，"OPEC+" 逐步放松减产限制，国际原油价格逐渐下调。

2022—2024 年布伦特国际原油价格

◆ 湖南省汽柴油销售价格

汽油销售全年均价
10631 元 / 吨

柴油销售全年均价
8846 元 / 吨

2024 年，湖南主要油企汽柴油销售均价同比小幅上调。其中，汽油销售均价为 10631 元 / 吨，柴油销售均价为 8846 元 / 吨，全年价格波动较小。

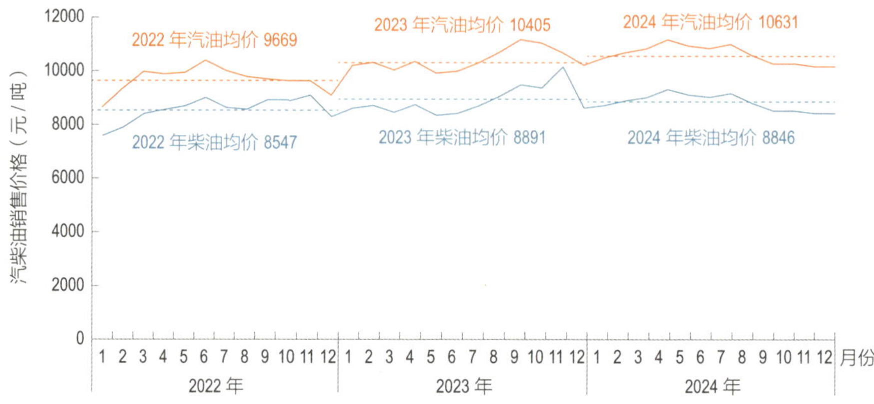

2022—2024 年湖南省主要油企汽柴油销售价格

3. 天然气价格

◆ 国内液化天然气价格

2024 年，国内液化天然气（liquefied natural gas，LNG）全年均价为 4635 元 / 吨，同比下降 7.2%。一季度，国际气价回落，价格下行；二季度，市场逐渐回暖，价格缓慢上升；三季度，供应短时减少叠加国际气价上行，短期推涨，后因成本下降、供应充足再次转跌；四季度，受暖冬及库存充足影响，价格延续下行趋势。

国内液化天然气
全年平均
4635 元 / 吨

同比下降
7.2%

2022—2024 年全国 LNG 出厂价格指数

◆ 湖南省汽柴油销售价格

2024 年，湖南省主要燃气企业天然气购销价格较为稳定，全年购进均价为 3.08 元 / 米³，同比减少 0.3%；销售均价 3.56 元 / 米³，同比增长 3.5%。

天然气全年购进均价
3.08 元 / 米³

同比减少
0.3%

天然气全年销售均价
3.56 元 / 米³

同比增长
3.5%

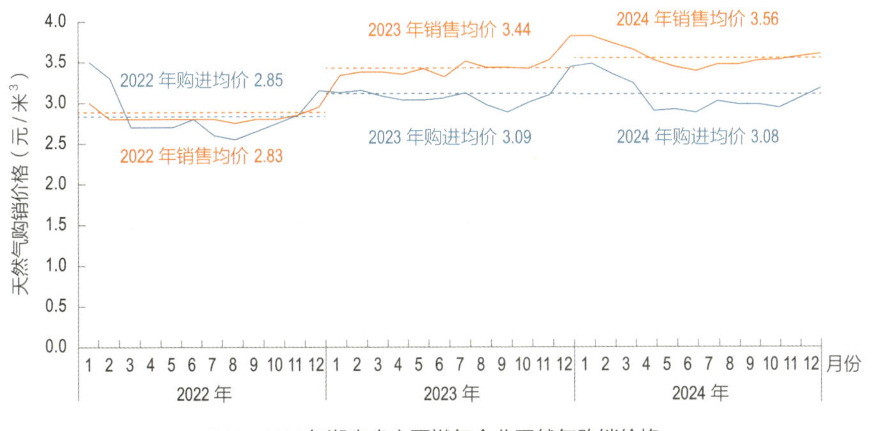

2022—2024 年湖南省主要燃气企业天然气购销价格

4. 电力价格

◆ 国内工商业平均代理购电价格

全国企业（除西藏）代理购电均价
0.401 元 / 千瓦时

湖南代理购电均价
0.465 元 / 千瓦时

2024 年 1—12 月，全国 33 个省级电网（除西藏）企业代理平均购电价格为 0.401 元 / 千瓦时，各地电价在 0.247～0.506 元 / 千瓦时之间。其中，湖南平均代理购电价格 0.465 元 / 千瓦时，排全国第 7，中部第 2；新疆最低，为 0.247 元 / 千瓦时；海南最高，为 0.506 元 / 千瓦时。

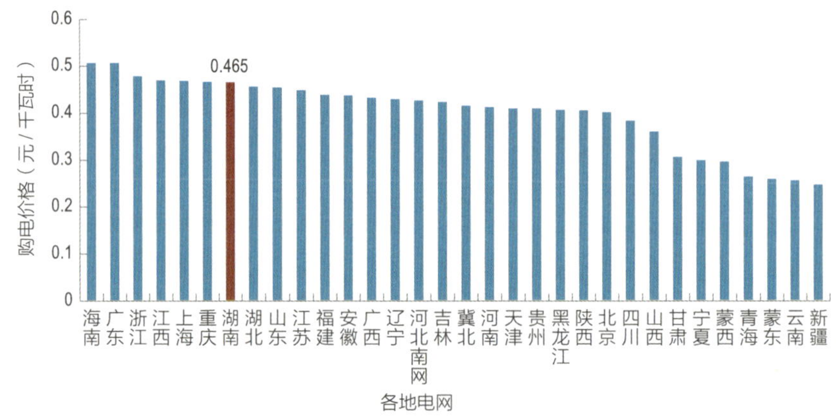

2024 年全国各地电网企业代理购电平均价格

◆ 湖南省分月工商业代理购电价格

全年最低月代理购电价格
0.453 元 / 千瓦时

较燃煤基准电价上浮
0.7% 

全年最高月代理购电价格
0.479 元 / 千瓦时

较燃煤基准电价上浮
6.4%

2024 年，湖南省分月代理购电价格均高于省内燃煤基准电价（0.453 元 / 千瓦时）。4 月代理购电价格最低，较燃煤基准电价上浮 0.7%；2 月代理购电价格最高，较燃煤基准电价上浮 6.4%。2024 年，新能源电力市场交易均价为 448.3 元 / 兆瓦时，较 2023 年下降 0.61 元 / 兆瓦时。

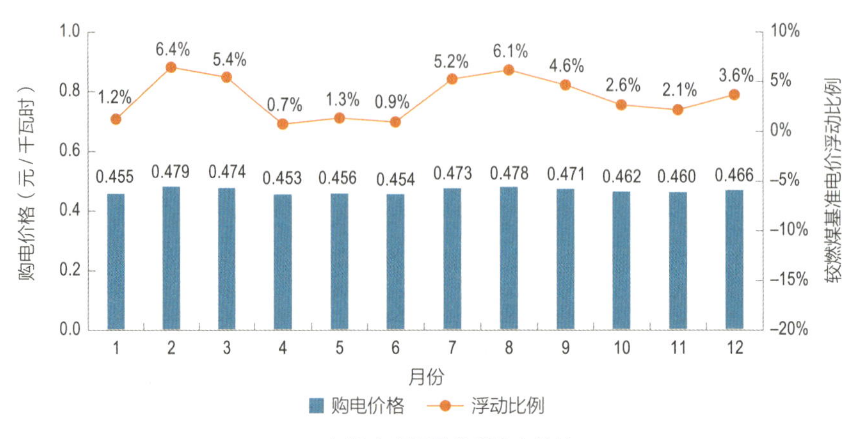

2024 年湖南省逐月代理购电价格

2.7 能源消费预测

根据经济发展情况和能源消费发展趋势，预计 2025 年湖南省能源消费总量约 1.76 亿吨标准煤，同比增长 2.3%，增速较 2024 年下降 0.6 个百分点。

煤炭

8280 万吨

与 2024 年基本持平

一般天气条件下，预计 2025 年湖南省煤炭消费量约为 8280 万吨，与 2024 年基本持平。

石油

3280 万吨

同比增长约 1.2%

预计 2025 年湖南省石油消费量为 3280 万吨，同比增长约 1.2%。其中，成品油消费量为 2535 万吨，同比增长 0.8%。

天然气

80 亿米 ^{3}

同比增长约 13.7%

一般天气条件下，预计 2025 年湖南省天然气消费量约 80 亿米 ^{3}，同比增长约 13.7%。

电力

全社会用电量 2480 亿千瓦时

同比增长约 4.5%

一般天气条件下，预计 2025 年湖南省全社会用电量为 2480 亿千瓦时，同比增长约 4.5%；全社会最大负荷约 5650 万千瓦，同比增长约 8.7%。

3 能源供应篇

CHAPTER THREE

3.1 总体生产情况

能源生产总量
4350 万吨标准煤

同比增长
12.3%

2024 年，湖南省能源生产总量约 4350 万吨标准煤，同比增长 12.3%。主要原因是水电与新能源发电量大幅提升。其中，一次能源（水电、风电、光伏）占比提高至 63.9%，较上年提高 9.2 个百分点。

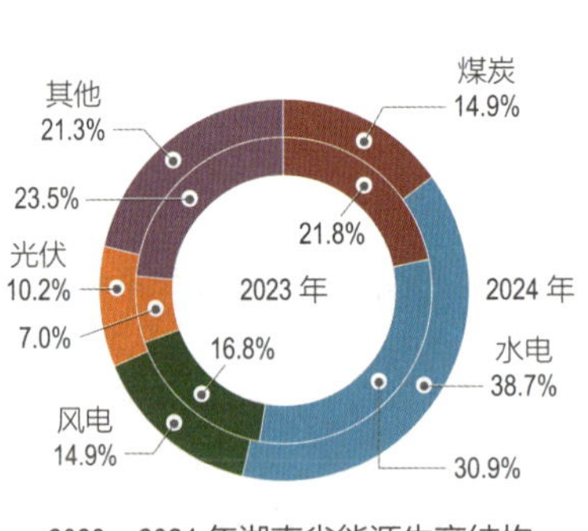

2023—2024 年湖南省能源生产结构

2020—2024 年湖南省原煤产量

电源装机
7735 万千瓦

同比增长
9.4%

发电总量
1873 亿千瓦时

同比增长
6.7%

截至 2024 年底，湖南电网装机为 7735 万千瓦，同比增长 9.4%。其中，火电装机 2951 万千瓦（其中传统火电 2807 万千瓦、生物质 143 万千瓦），占比 38.2%；风电、光伏发电合计装机 2995 万千瓦，占比 38.7%；全年发电量为 1873 亿千瓦时，同比增长 6.7%。其中，传统火电发电量 901 亿千瓦时，占比 48.1%，风电、光伏发电量合计 353 亿千瓦时，占比 18.8%。风光装机（风电、光伏）首次超过火电，成为湖南省第一大电源。

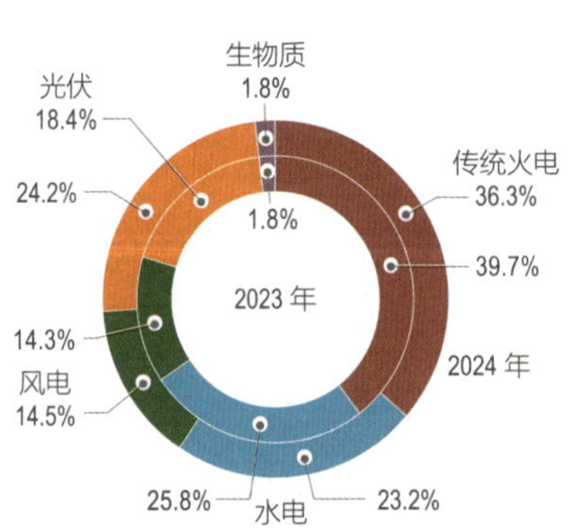

2023—2024 年湖南省电源装机结构

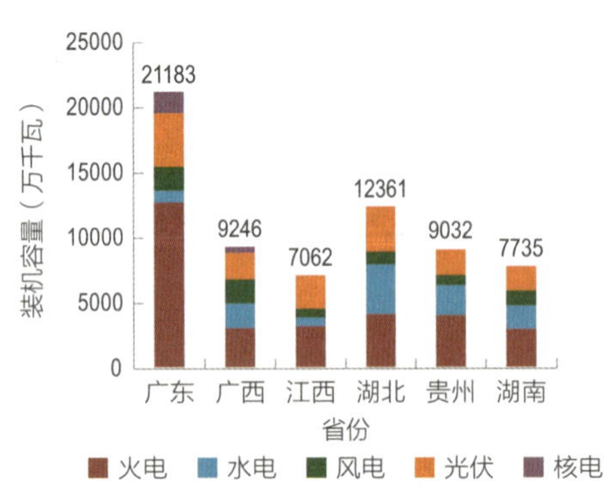

2024 年全国部分省份电源装机结构

3.2 煤炭供应

截至 2024 年底，湖南省保留煤矿 84 个，其中生产煤矿 66 个，核定产能为 1707 万吨 / 年。2024 年湖南省原煤产量为 906.2 万吨，同比下降 4%。

2024 年，湖南省煤炭调入能力 1 亿吨以上，调入通道以铁路、水运为主，公路作为补充。针对煤炭以区外调入为主的省情，湖南省正在加快推进 5 大储备基地建设，截至 2024 年底，全省静态储煤能力突破 300 万吨。

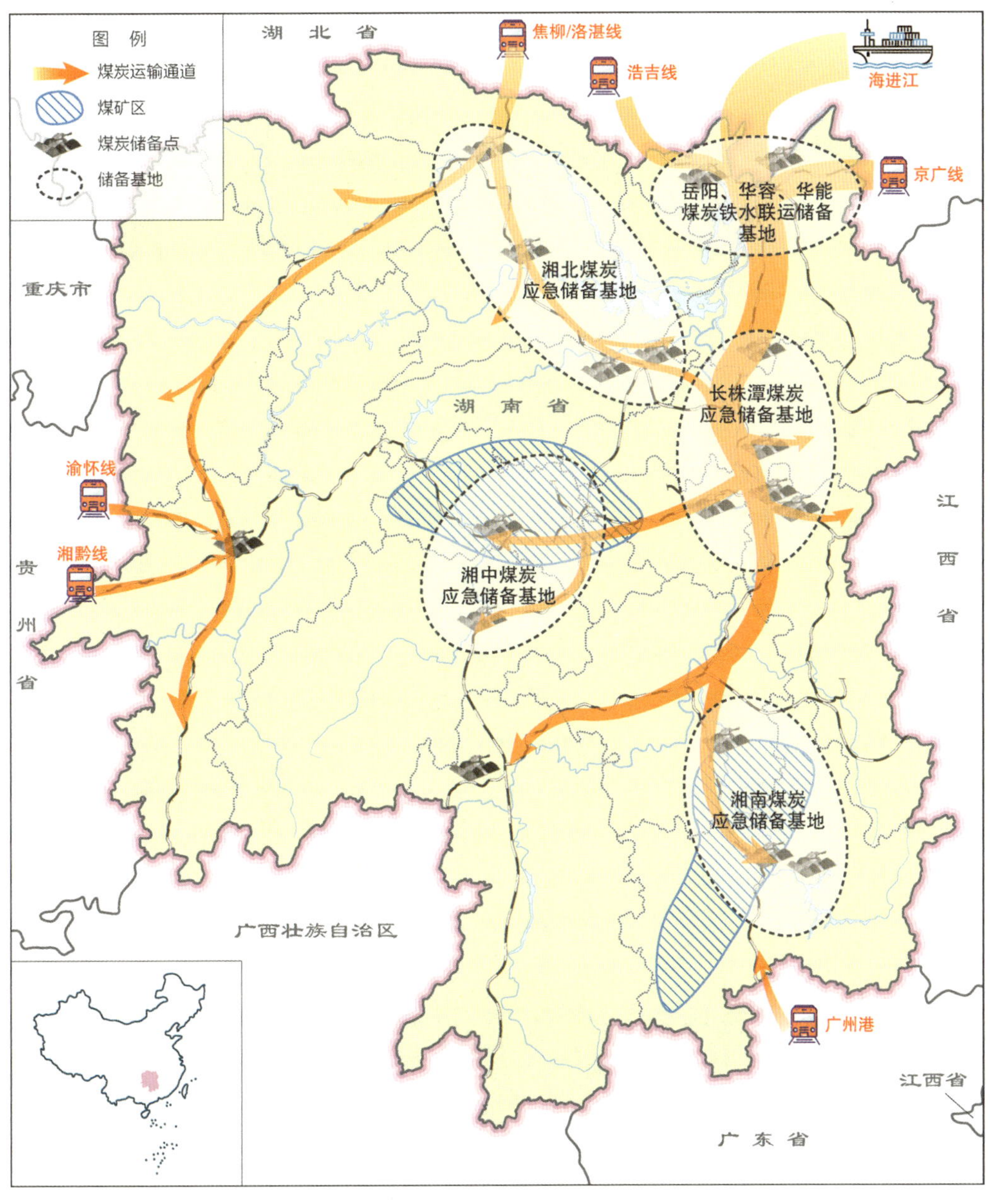

2024 年湖南省煤炭空间流向示意图

3.3 石油供应

2024 年，湖南省成品油供应主要依靠公路运输和长炼—郴州成品油管道输送，其中，长炼—郴州管道输送 440 万吨，同比下降 3.5%；兰郑长线输送 38 万吨，同比增长 15.2%；其余通过管道或铁路运至省内大型油库后，经公路进一步转运。长炼—郴州管道成品油来源于湖南石化，其总成品油产量约 580 万吨 / 年。

湖南省成品油储备设施主要由中石化、中石油等企业所建，库容超 250 万米 ^{3}；国家储备方面，已建储油库 3 座约 140 万米 ^{3}。

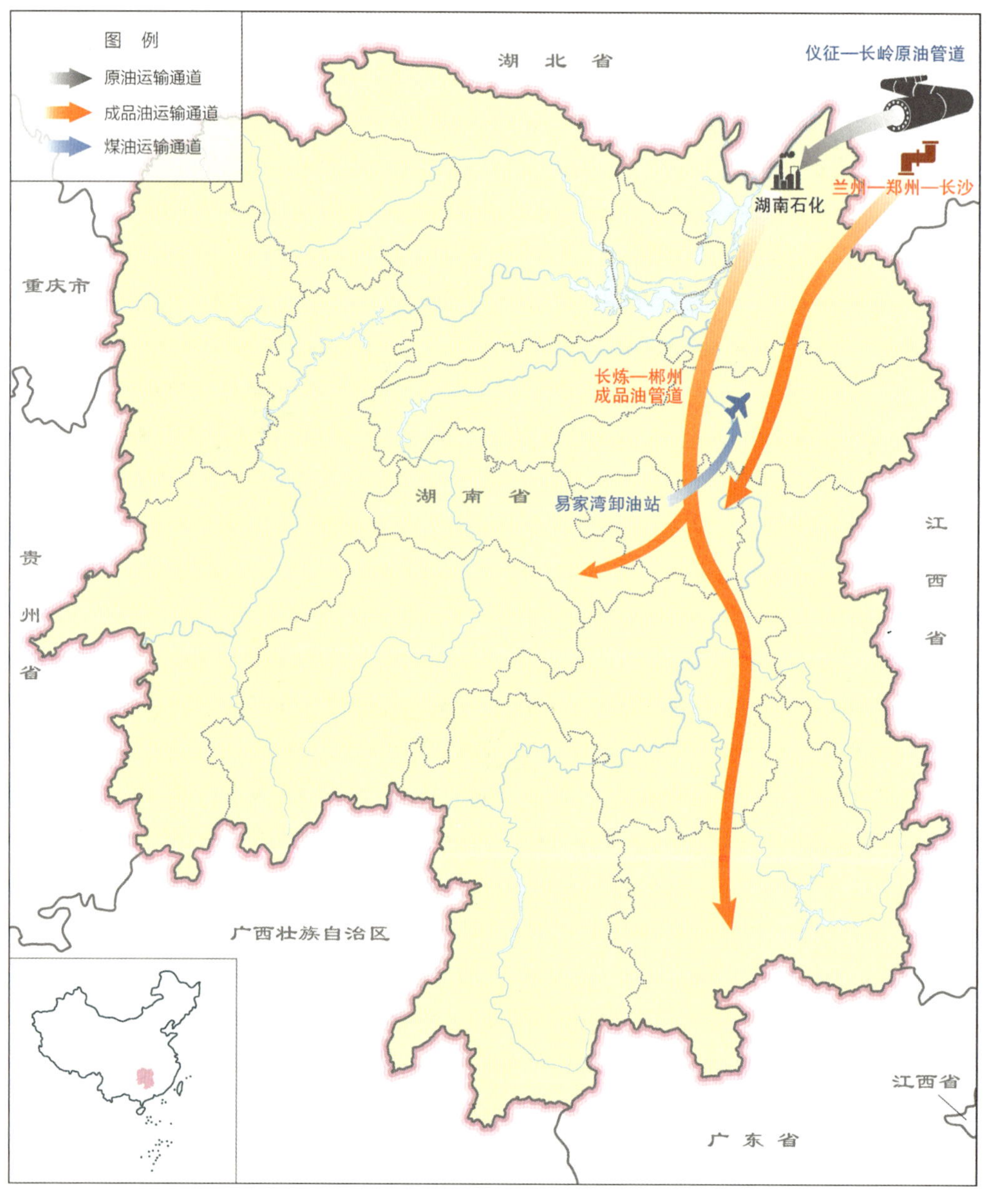

2024 年湖南省管道成品油空间流向示意图

3.4 天然气供应

2024 年，湖南省长输管道已覆盖所有市州，张家界、怀化、湘西州虽已覆盖但暂未与省内主干管网互联，待规划建设的遵义—吉安天然气国家干线落成后，将打破湘西地区天然气管网孤网运行困境。从管道气来源看，西二线樟湘支线和新粤浙管道供应量分别占全省管道天然气供应总量的 36.0% 和 63.6%。其中，2024 年冬季由于西二线樟湘支线供应增大，省内天然气供应量略有盈余，通过忠武线潜湘支线送出部分盈余天然气至外省。

2024 年湖南省管道天然气空间流向及储配站（>100 万米³）示意图

3.5 电力供应

截至 2024 年底，湖南电网基本形成“一直两交”特高压电网。全年新增 500kV 变电站 3 座、500 千伏线路 10 条，500 千伏基本建成湘东双环网、湘南“日”字形环网及各区域环网结构。500 千伏变电站实现市州全覆盖；220 千伏电网形成 8 个分区供电，220 千伏变电站实现县域全覆盖；35～110 千伏电网基本实现乡镇及重点产业园区全覆盖。

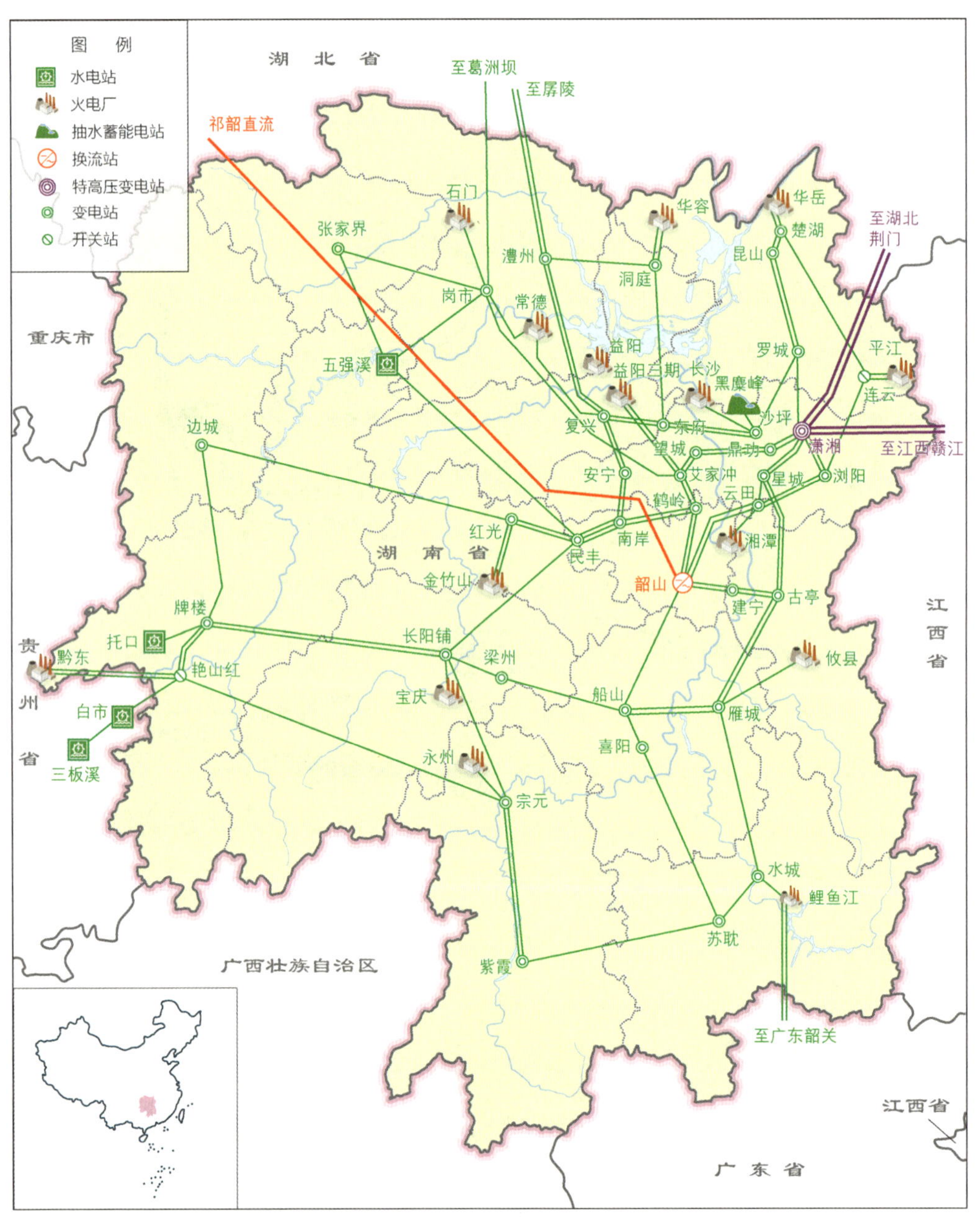

2024 年湖南电网主干网架地理接线示意图

1. 可再生能源发电

◆ 水电发电量回归正常

截至2024年底，湖南电网水电装机1789万千瓦（含抽水蓄能120万千瓦），同比增长1.3%。水电发电量为547亿千瓦时，同比增长42.4%。全年水电利用小时数为3055小时，同比增加825小时。

水电装机
1789 万千瓦

同比增长
1.3%

水电发电量
547 亿千瓦时

同比增长
42.4%

2020—2024年湖南省水电装机情况

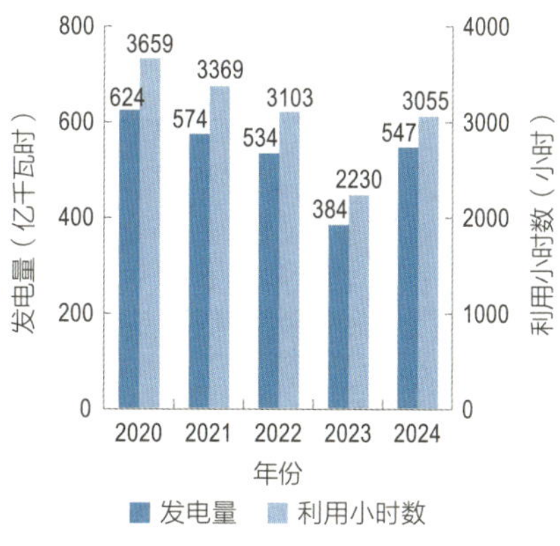

2020—2024年湖南省水电发电量情况

◆ 风电发展持续增长

截至2024年底，湖南电网风电装机为1121万千瓦，同比增长15.3%；全年风电发电量为210亿千瓦时，同比增长0.5%；风电利用小时数2061小时，同比减少210小时。

风电装机

同比增长
15.3%

风电发电量
210 亿千瓦时

同比增长
0.5%

2020—2024年湖南省风电装机情况

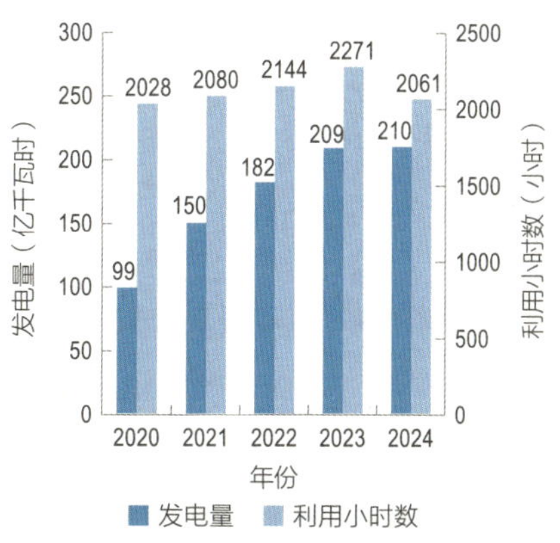

2020—2024年湖南省风电发电量情况

光伏发电连续高速增长

光伏装机
1873 万千瓦

同比增长
49.6%

光伏发电量
144 亿千瓦时

同比增长
64.9%

截至 2024 年底，湖南电网光伏发电装机为 1873 万千瓦，同比增长 49.6%；全年光伏发电量 144 亿千瓦时，同比增长 64.9%；光伏发电利用小时数 922 小时，同比减少 73 小时。

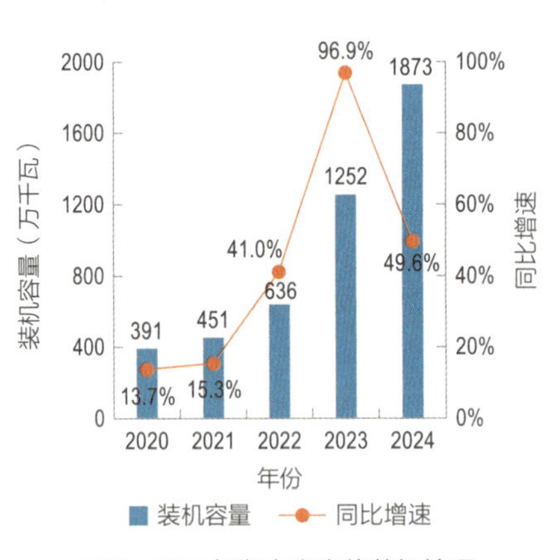

2020—2024 年湖南省光伏装机情况

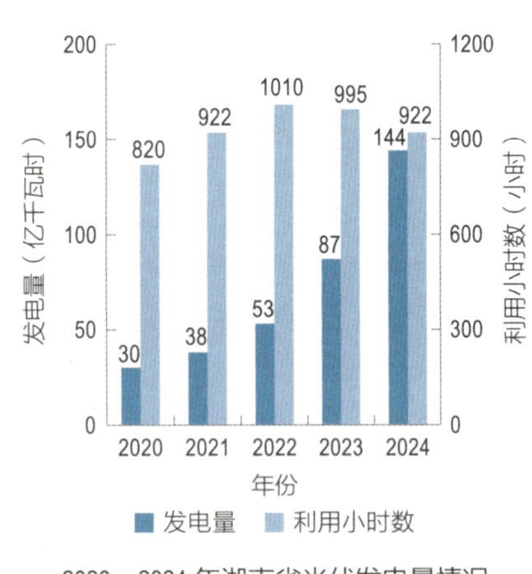

2020—2024 年湖南省光伏发电量情况

生物质稳定增长

生物质装机
143 万千瓦

同比增长
14.9%

生物质发电量
73 亿千瓦时

同比增长
13.1%

截至 2024 年底，湖南电网生物质发电装机 143 万千瓦，同比增长 14.9%；全年生物质发电量 73 亿千瓦时，同比增长 13.1%；生物质发电利用小时数 5379 小时，同比增加 177 小时。

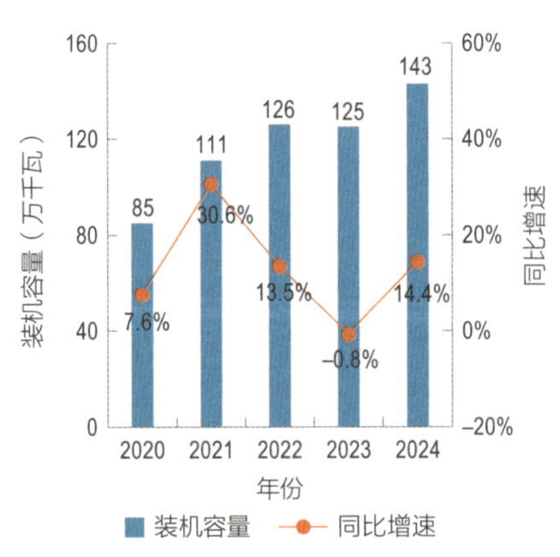

2020—2024 年湖南省生物质装机情况

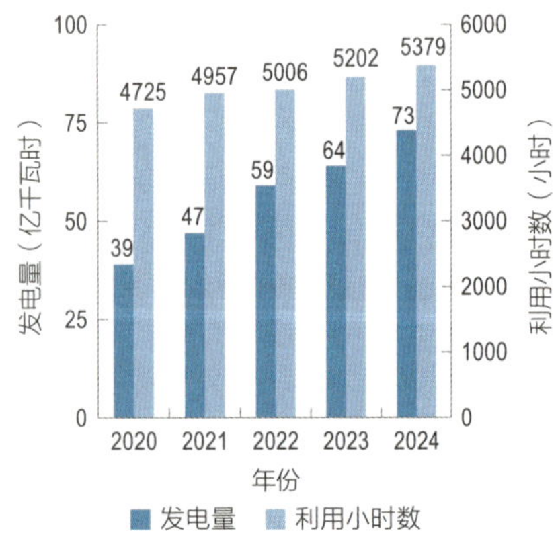

2020—2024 年湖南省生物质发电量情况

2. 传统火电

◆ 装机持续增长

2024 年，益阳电厂 5 号机组（1×100 万千瓦）投产发电，湖南传统火电装机增加至 2807 万千瓦，同比增长 3.8%，占全省电源总装机比重为 36.3%，低于全国 5.5 个百分点（含气电）；传统火电发电量 901 亿千瓦时，同比下降 10.9%。

传统火电装机
2807 万千瓦

同比增长
3.8%

传统火电发电量
901 亿千瓦时

同比下降
10.9%

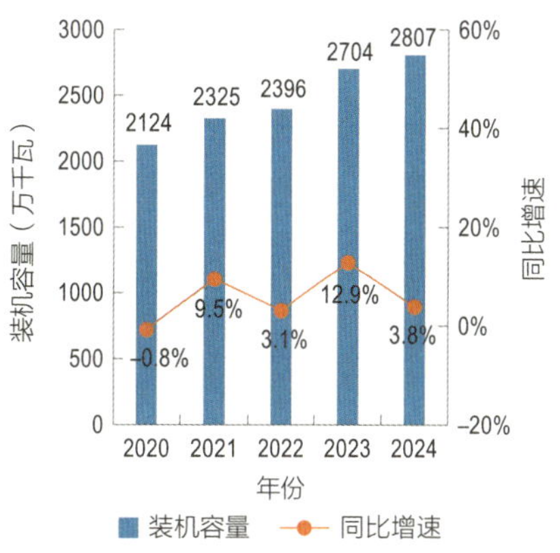

2020—2024 年湖南省传统火电装机情况

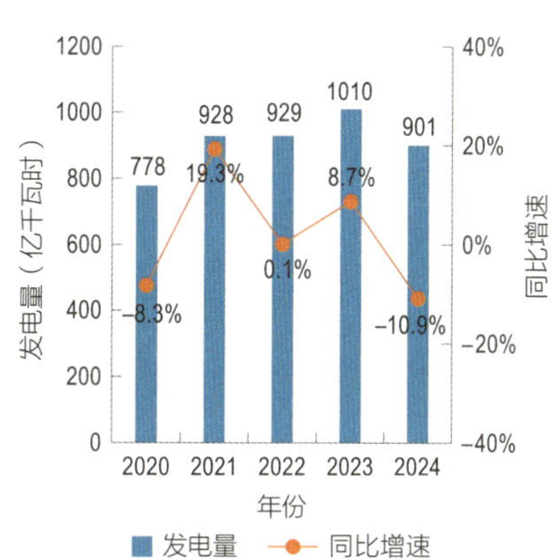

2020—2024 年湖南省传统火电发电量情况

◆ 利用小时数与运行效率略有下降

2024 年，湖南火电（含生物质）平均利用小时数为 3441 小时，同比减少 659 小时，主要原因是 2024 年来水较好，水电发电量增长较多。煤电平均发电煤耗为 293.5 克标准煤 / 千瓦时，同比上升 0.7 克标准煤 / 千瓦时。

火电利用小时数
3441 小时

同比减少
659 小时

平均发电煤耗
293.5 克
标准煤 / 千瓦时

同比增长
0.7 克
标准煤 / 千瓦时

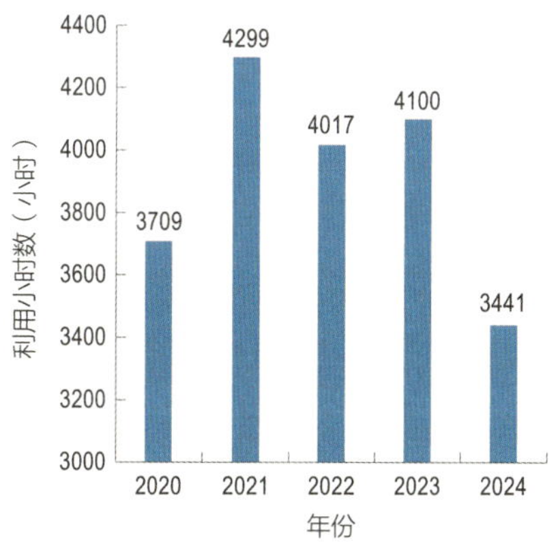

2020—2024 年湖南省火电利用小时数

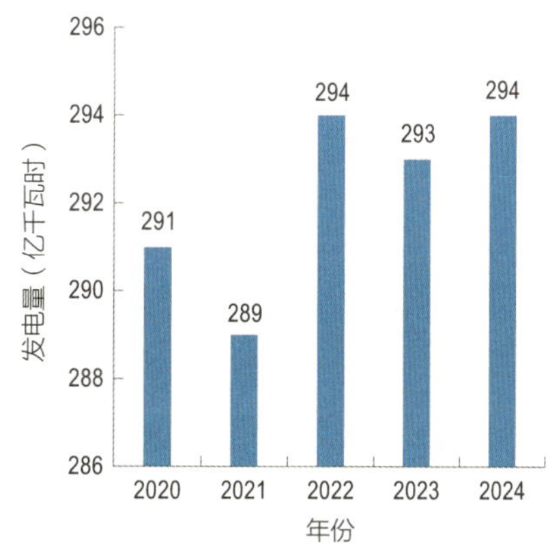

2020—2024 年湖南省煤电平均发电煤耗

3. 外来电

省外净购入电量
538.9 亿千瓦时

同比增长
1.2%

2024 年，湖南省从省外净购入电量 538.9 亿千瓦时，同比增长 1.2%，占全社会用电量的 22.7%。其中，祁韶直流电量 340.2 亿千瓦时，同比增长 5.4%；交流电量合计 188.0 亿千瓦时，同比减少 8.0%；大龙电厂及鲤鱼江电厂 10.8 亿千瓦时，同比增长 113.0%。

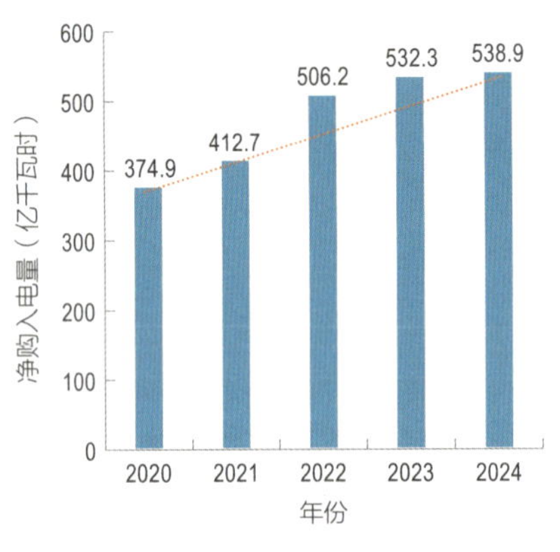

2020—2024 年省外净购入电量情况

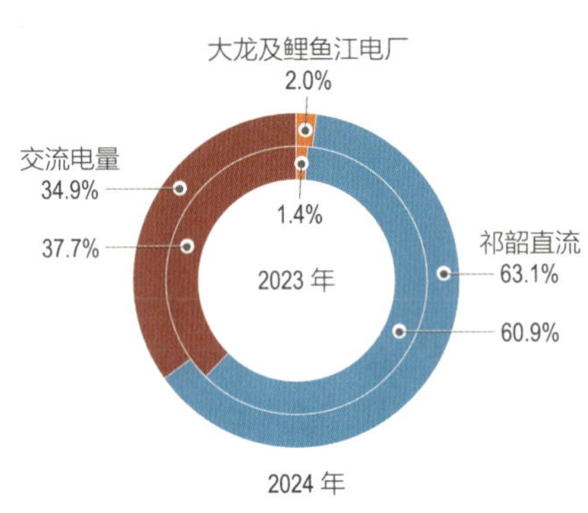

2020—2024 年省外净购入电量结构

4. 新型储能

新型储能装机容量
288 万千瓦

同比增长
8.3%

装机排名华中
第 1 名

截至 2024 年底，湖南省新型储能装机规模 288 万千瓦，同比增长 8.3%，排名华中第 1 位。储能深度调峰电量 6.3 亿千瓦时，占比 8.5%；产生交易服务费 1.38 亿元，平均结算价格 0.219 元 / 千瓦时。

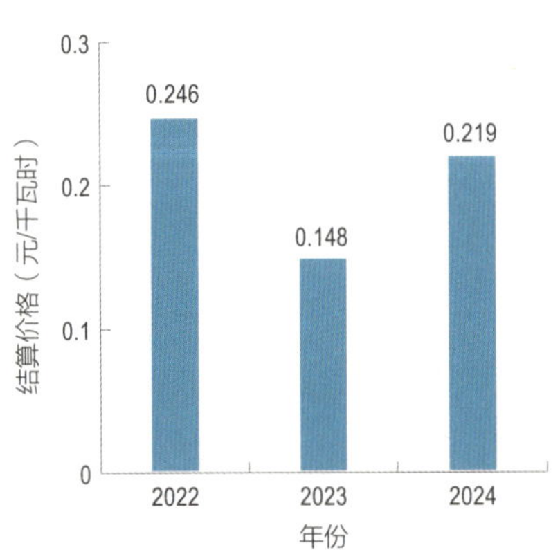

2022—2024 年储能深度调峰平均结算价格

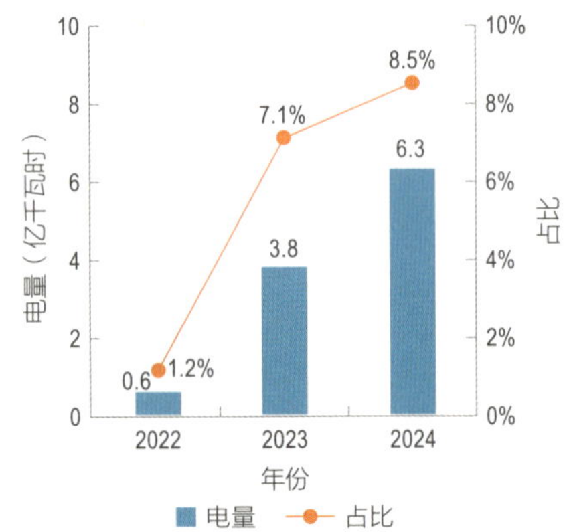

2022—2024 年储能参与深度调峰情况

3.6 能源供应预测

根据经济与能源发展最新情况，预计 2025 年湖南省能源生产总量约 4470 万吨标准煤，同比增长 2.8%；外部调入约 1.31 亿吨标准煤，能源对外依存度约为 74.6%。

省内煤炭产量

随着煤炭升级改造逐步推进，煤炭产能将维持稳定，预计 2025 年湖南省煤炭产量约 910 万吨，折合标准煤 651 万吨，同比增长 0.4%。

省内一次电力及其他

预计 2025 年湖南省一次电力发电量 936 亿千瓦时，约为 2888 万吨标准煤，同比增长 4.0%。其中，水电发电约 510 亿千瓦时，风电发电量约 246 亿千瓦时，光伏发电量约 180 亿千瓦时。其他能源约为 932 万吨标准煤（含生物质发电量）。

外部调入

预计 2025 年湖南省外部调入约 1.31 亿吨标准煤。其中，煤炭调入量约为 7370 万吨，与 2024 年基本持平；石油、天然气、电力调入量分别约为 3280 万吨、80 亿米^3、640 亿千瓦时，同比增长分别为 1.2%、13.7%、18.8%。

4 能源节约篇

CHAPTER FOUR

4.1 能源节约总体情况

湖南省深入贯彻国家节能减排战略部署，以能源资源高效利用为核心，能源资源节约为重点，系统推进产业绿色转型、能源结构优化和污染物排放管控，节能降碳工作成效明显，能效水平不断提升，实现经济绿色低碳发展。

1. 单位 GDP 能耗持续下降

全口径单位 GDP
能耗累计下降
14.9%

“十四五”前四年，湖南省全口径单位 GDP 能耗累计下降 14.9%，已提前超额完成“十四五”目标任务。

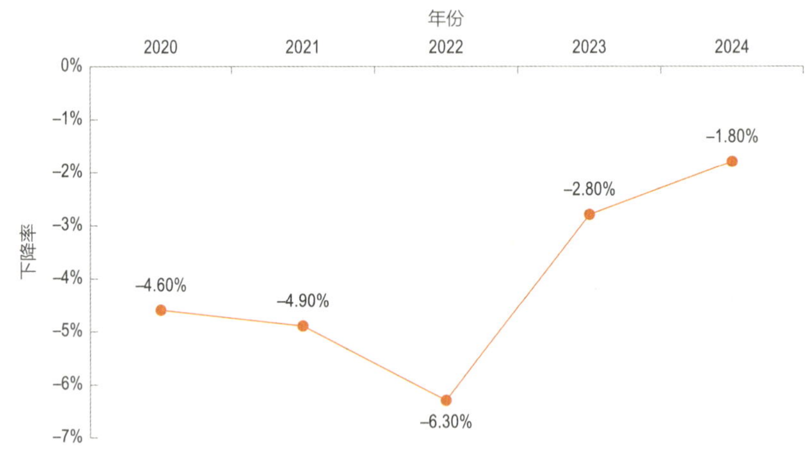

2020—2024 年全省全口径单位 GDP 能耗下降率

2. 工业增加值能耗稳步下降

单位规模工业增加值
能耗累计下降
25.6%

“十四五”以来，全省规模工业增加值的增长速度较快，规模工业能源消费总量增幅较小，工业节能成效显著。2021—2024 年，单位规模工业增加值能耗分别下降 4.6%、7.8%、9.2%、6.9%，累计下降 25.6%，提前超额完成“十四五”目标任务。

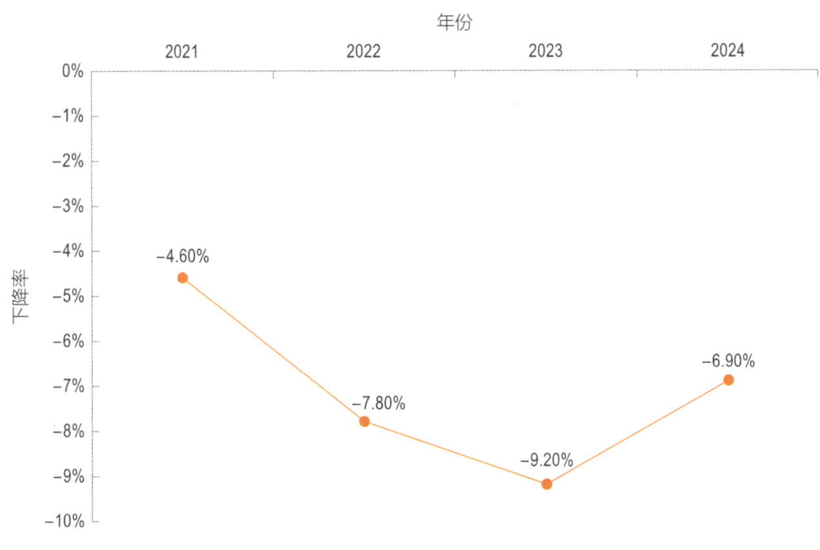

2021—2024 年全省工业增加值能耗下降率

3. 重点工业企业产品能效水平显著提升

2024 年，湖南省重点用能工业企业能源消费总量合计 4088.77 万吨标准煤，同比下降 10.17%，单位产值综合能耗为 0.67 吨标煤 / 万元，同比下降 4.11%[1]。

2024 年，水泥熟料单位产品综合能耗为 96.94 千克标准煤 / 吨，同比下降 2.46%；合成氨单位产品综合能耗为 1327.62 千克标准煤 / 吨，同比下降 1.48%；烧碱单位产品综合能耗为 326.00 千克标准煤 / 吨，同比下降 1.60%；锌冶炼综合能耗为 908.74 千克标准煤 / 吨，同比下降 0.51%。

重点用能工业企业能源消费总量同比下降

10.17%

单位产值综合能耗同比下降

4.11%

2024 年重点用能工业企业单位产品综合能耗

产品名称	单位产品综合能耗（千克标准煤 / 吨）	同比下降（%）
水泥熟料	96.94	2.46
合成氨	1327.62	1.48
烧碱	326.00	1.60
锌冶炼	908.74	0.51

[1] 数据来源于湖南省节能监测中心。

4.2 节能监察检查情况

1. 2024 年省级节能监察情况

节能监察项目数
29 个

不合要求设备
1700 余台

湖南省发展和改革委员会组织对红狮水泥日产 5500 吨水泥熟料生产线等 29 个项目进行节能验收专项监察和“双随机一公开”节能监察，针对发现的 50 个问题提出改进意见和建议，要求限期更换能效等级不符合要求的 1700 余台变压器、电机、水泵等通用机电设备，预计年可节约 40 万吨标准煤。

2. 重点工业领域专项监察情况

工业节能监察企业数量
221 家

未达三级能效设备
3652 台套

湖南省工业和信息化厅牵头组织开展工业节能监察工作，涉及造纸、纺织、钢铁、水泥等行业领域共计 221 家企业，其中国家监察任务的企业 99 家、省级监察任务的企业 63 家、市级监察任务的企业 59 家；针对用能设备强制性能效标准执行情况共计检查设备 14851 台套，对未达到 3 级的 3652 台套能效设备建议更换节能型设备；并对单位产品综合能耗不达标等违反节能法律法规要求的 10 家企业下达限期整改通知。

3. 市州发展改革委节能监察情况

市州节能监察项目数
47 个

各市州发展改革委 2024 年共计完成 47 个固定资产投资项目节能验收专项监察及 53 个固定资产投资项目节能审查意见落实情况监察。

4.3 重点用能单位节能管理情况

1. 能源审计情况

开展湖南省 2021—2023 年重点用能单位能源审计，形成重点用能单位能效清单、问题整改清单、节能改造项目清单和用能设备更新清单，为年耗万吨标准煤以上项目建立能源管理档案。

2. 节能诊断情况

2024 年遴选 5 家节能服务机构对 156 家企业实施现场节能诊断，其中 153 家为国家清单诊断任务。

3. 能耗在线监测系统建设情况

抓好重点用能单位能耗在线监测系统建设，着力提升节能管理信息化水平，组织对 23 家应建未建成能耗在线监测端系统的重点用能单位进行现场督促。2024 年端系统建设验收企业合计 29 家，截至 2024 年底，共 268 家重点用能单位完成端系统建设并接入省平台，接入企业能耗量占湖南省重点用能单位能耗总量的 85.6%。按要求分季度向国家平台上报能耗数据，超额完成国务院对湖南省政府节能目标责任评价关于监测系统建设的目标要求。

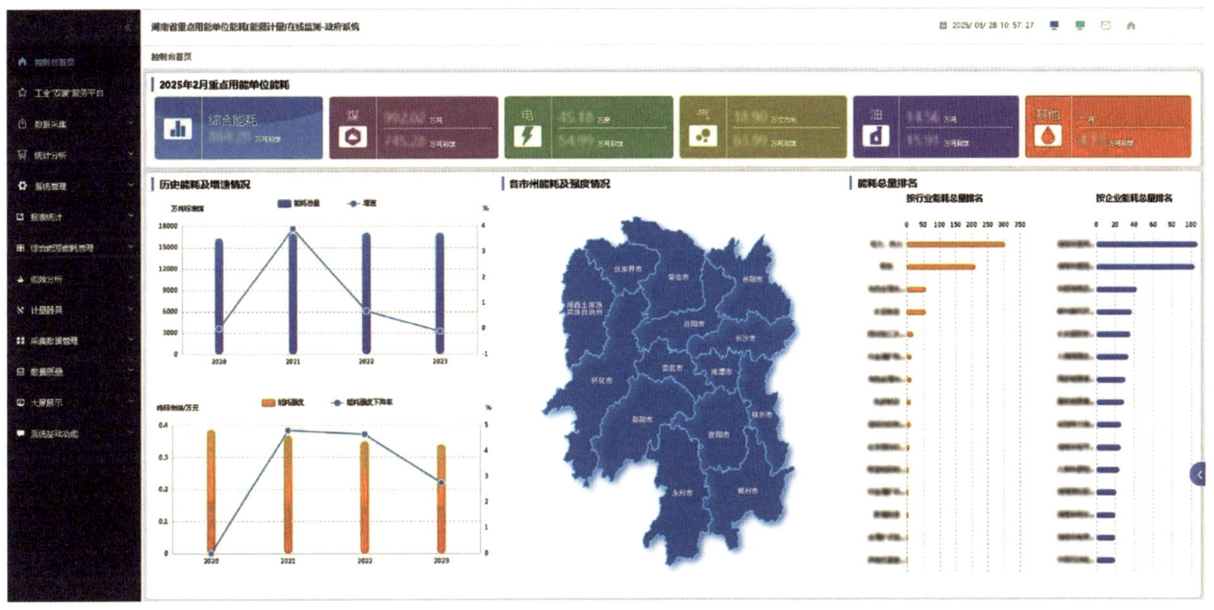

4.4 节能技术

节能技术、装备总数

115 项

覆盖领域

9 个

1. 发布《先进节能技术装备推荐目录》

该目录结合近三年国家发展改革委、工信部、科技部、生态环境部、国管局等部委发布或认定的先进节能技术、装备，覆盖工业、数据中心、公共机构、通用装备四大类 115 项节能技术、装备，涵盖钢铁、有色、建材、化工、机械、可再生能源利用、资源综合利用等 9 个领域，充分考虑湖南省产业结构特点和现实需求，兼顾省内优势节能技术产品，具有较强的地域特色和针对性。

列入国家绿色技术推广目录

3 项

入选国家绿色低碳先进示范项目清单

2 项

2. 多项技术入选国家绿色技术推广目录及示范项目清单

连续玻纤增强高流动性尼龙 6 复合材料、热升华绿色数字印刷技术、气凝胶保温隔热涂料层 3 项列入国家《绿色技术推广目录（2024 年版）》。长沙机场绿色能源示范项目、10 万吨 / 年动力电池循环利用示范项目入选《绿色低碳先进示范项目清单（第一批）》。开展公共机构绿色低碳技术遴选，向国家推荐申报 11 项绿色技术，其中远大超高效机房项目入围全国 2024 年公共机构绿色低碳名单。

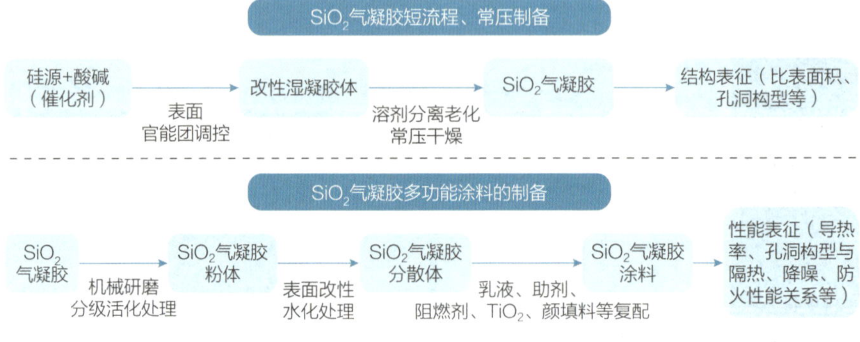

气凝胶保温隔热涂料层工艺流程图

3. 公开发布《湖南省绿色技术推广目录（2024 年）》

在全省征集遴选 49 项具备推广价值的绿色技术纳入《湖南省绿色技术推广目录（2024 年）》，目录包含节能降碳、环境保护等 7 个产业，覆盖 112 项绿色技术，以现场服务、供需对接、节能诊断等形式促进技术落地应用，引导重点用能单位进行技术迭代、设备更新、产业升级。

4.5 节能全民行动

1. 节能宣传周

5 月 13 日，2024 年湖南省节能宣传周启动仪式在湘潭举行，正式开启以“绿色转型　节能攻坚”为主题的节能宣传活动，调动全社会进一步巩固树立绿色发展理念，自觉践行绿色低碳的生产方式和生活方式。

活动采取线上、线下相结合的宣传方式，5 月 13—19 日，湖南省（包括各市州）举办线上、线下宣传活动 603 次，吸引观众 351 万人次，制作视频、宣传稿件等宣传材料总转发量 82 万次，点击量突破 650 万次。

2. 省级年度节能业务培训

11 月 3 日—4 日，湖南省发展和改革委员会在长沙举办全省节能业务培训班。湖南省发展和改革委员会党组成员、副主任杜中华出席开班式并讲话。国家节能中心专家、省内行业专家受邀现场授课，各市州发展改革委分管节能工作副主任、环资科和节能监察中心相关负责同志，及县市区、园区业务骨干 300 余人参训。

3. 自贸区权限下放节能业务培训

为做好固定资产投资项目节能审查省级权限下放承接工作，2 月 29 日，湖南省发展和改革委员会资环处会同法规处、节能中心组织召开中国（湖南）自由贸易试验区固定资产投资项目节能审查工作培训会。湖南省发展和改革委员会常态化赴企业现场开展节能政策解读，并组织企业赴外省学习调研，2024 年赴岳阳云溪工业园、涟钢等多个园区或企业现场解读节能管理相关政策。

4. 开展“百家企业节能降碳和设备更新服务行动”

组织专家团队上门为企业送政策、送技术、送方案。2024 年，共现场服务省市两级重点企业 119 家、辅导包装项目储备 135 个，总投资约 121 亿元，涉及设备更新淘汰约 6700 台套。

现场服务企业数量
119 家

涉及设备更新淘汰
约 6700 台套

5 能源“双碳”篇

CHAPTER FIVE

5.1 碳达峰行动主要进展情况

1. 能源绿色低碳转型行动

全国：2024 年，新能源发电装机容量为 14.5 亿千瓦，首次超过火电装机规模。其中，太阳能发电装机容量约为 8.9 亿千瓦，同比增长 45.2%；风电装机容量约为 5.2 亿千瓦，同比增长 18.0%。

湖南省：2024 年，新能源发电总装机容量达到 3138 万千瓦，提前完成“十四五”风电、光伏装机容量 2500 万千瓦规划目标。全省风电、光伏发电装机容量达 2995 万千瓦，超过传统火电成为全省第一大装机主体。

全国新能源装机容量
14533 万千瓦

湖南省新能源装机容量
3138 万千瓦

2. 工业领域碳达峰行动

2024 年，国家层面新增培育绿色工厂 1382 家、绿色工业园区 123 家、绿色供应链管理企业 126 家，持续优化绿色制造标杆培育机制，着力推动制造业全方位绿色化转型。

新增绿色工厂
1382 家

新增绿色园区
123 家

新增绿色供应链管理企业
126 家

2024 年，湖南省制订年度“三新产品”目录，评定 7 家碳减排标杆企业，新增培育省级绿色工厂 195 家、绿色园区 16 家、绿色供应链管理企业 15 家，评定绿色设计产品标准 16 个。遴选 53 项技术、装备入选省级绿色低碳先进适用推荐目录。

新增碳减排标杆企业
7 家

新增绿色工厂
195 家

新增绿色园区
16 家

新增绿色供应链管理企业
15 家

评定绿色设计产品标准
16 个

入选省级绿色低碳先进适用推荐目录
53 项

3. 城乡建设碳达峰行动

全国

根据已公布的2023年数据，全国城镇新建绿色建筑面积约20.7亿米^2，占城镇新建建筑面积的94%。截至2023年底，节能建筑占城市既有建筑面积比例超过64%，累计建成超低能耗、近零能耗建筑超过4370万米^2。

湖南省

2024年，湖南省城镇新建绿色建筑比例100%。全口径装配式建筑产值2085.8亿元，同比增长131.2%，其中，城镇新开工房屋装配式建筑面积2795.5万米^2，占全省新建建筑面积57.2%，较全年计划提高13.2%。

城镇新建绿色建筑面积
20.7 亿米^2

累计建成超低能耗、近零能耗建筑
> 4370 万米^2

全口径装配式建筑产值
2085.8 亿元

城镇新开工房屋装配式建筑面积
2795.5 万米^2

4. 交通运输绿色低碳行动

截至2024年底，全国新能源汽车保有量达3140万辆，呈高速增长趋势。2024年8月新能源汽车渗透率达到53.9%。

截至2024年底，全国累计建成充电桩1281.8万台，高速公路服务区（含停车区）累计建成充电桩超过3.3万台。

截至2024年底，湖南省新能源汽车保有量达88.4万辆，同比增长57%，其中纯电动公共汽电车2.44万辆，新增公交车新能源占比100%，纯电动巡游出租车1.95万辆。

截至2024年底，湖南省充电基础设施保有量达42.15万台，同比增长78.5%，建成公共充电桩6.06万台，同比增长34.4%，车桩比达2.1：1。湖南省高速沿线建设20余座光伏电站、1座储能电站，装机总容量约1.5万千瓦。

全国新能源汽车保有量
3140 万辆

全国累计建成充电桩
1281.8 万台

湖南省新能源汽车保有量
88.4 万辆

湖南省充电基础设施保有量
42.15 万台

5.2 碳排放权交易市场情况

1. 2024 年度全国碳排放权交易市场配额交易及清缴情况

CEA 总成交量
1.8 亿吨

配额清缴完成率
99.98%

2024 年，全国碳市场碳排放配额（china emission allowance，CEA）总成交量 1.8 亿吨，其中挂牌协议交易量 0.37 亿吨，大宗协议交易成交量 1.52 亿吨，总计成交额达 181.1 亿元，创成交金额历史新高。2024 年是 2023 年度碳排放的清缴年，配额管理的发电行业重点排放单位共计 2096 家，年覆盖二氧化碳排放量约 52 亿吨。2023 年度配额应缴总量 52.44 亿吨，配额清缴完成率约 99.98%。

交易价格方面，2024 年挂牌交易的最高价为 106.02 元 / 吨，同比增长 34.4%，挂牌交易最低价为 69.67 元 / 吨。年末收盘价为 97.49 元 / 吨，同比上涨 22.75%。

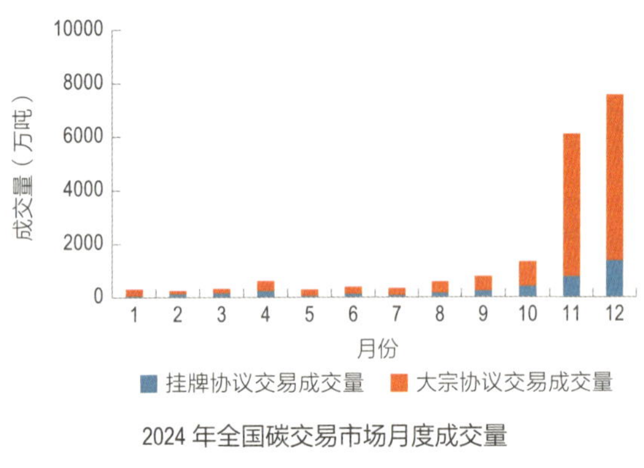

2024 年全国碳交易市场月度成交量

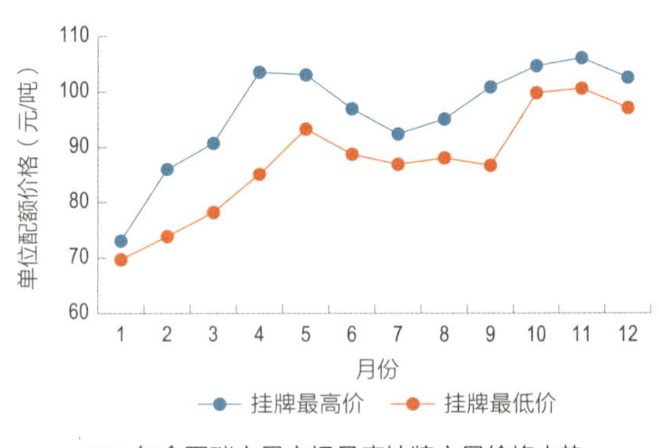

2024 年全国碳交易市场月度挂牌交易价格走势

2. 2024 年度湖南省碳排放权交易市场配额交易情况

2024 年碳排放配额买入量
107.78 万吨

2024 年碳排放配额卖出量
325.78 万吨

2024 年，湖南省共有 26 家重点排放单位参与交易，全国碳排放配额买入量 107.78 万吨，成交额 1.03 亿元；卖出量 325.78 万吨，成交额 2.97 亿元。

截至 2024 年底，湖南省累计共有 29 家重点排放单位参与交易，全国碳排放配额累计买入量 543.18 万吨，成交额 3.45 亿元；累计卖出量 638.11 万吨，成交额 4.82 亿元。

2024 年 11 月 4 日，湖南华电常德发电有限公司完成了 2023 年度碳排放配额清缴，成为全国首家完成履约的企业。

5.3 绿电绿证交易市场情况

1. 全国绿电市场交易情况

2024 年，全国绿电交易成交量 2048 亿千瓦时，同比增长 235.2%，占全年可再生能源发电总量的 5.9%，占全国市场化交易电量的 3.3%（2023 年为 1.21%）。

全国绿电交易量
2048 亿千瓦时

同比增长
235.2%

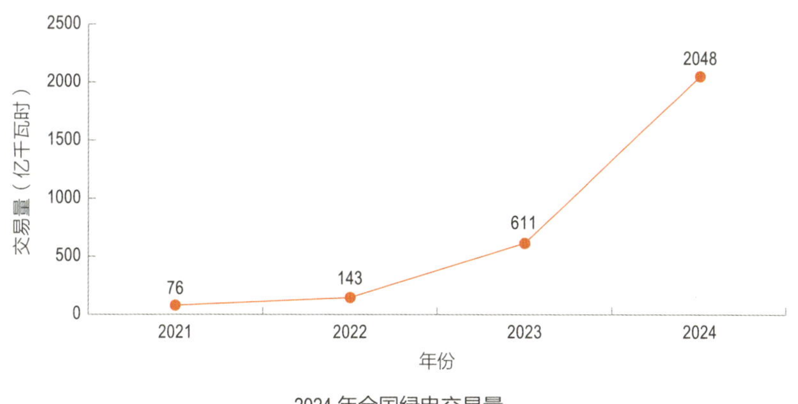

2024 年全国绿电交易量

2. 湖南省绿电市场交易情况

近年来，湖南省通过电力交易平台开展绿电交易，交易规模不断扩大。2024 年，省内绿电交易电量 42.03 亿千瓦时，同比增长 360.9%，绿电平均交易价差为 22.7 元 / 兆瓦时。

湖南绿电交易量
42.03 亿千瓦时

同比增长
360.9%

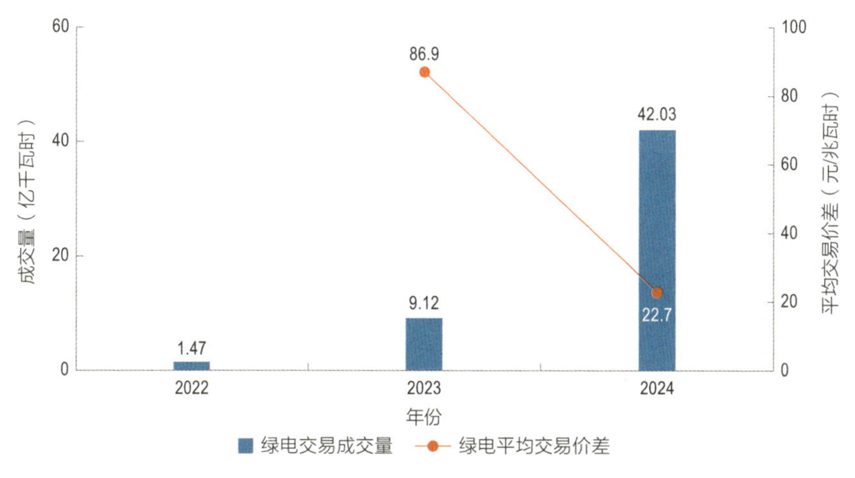

2024 年湖南绿电交易情况

3. 全国绿证市场交易情况

全国绿证交易量
4.46 亿张

同比增长
360%

2024 年，全国绿证交易量 4.46 亿张，同比增长 360%，其中绿证单独交易 2.77 亿张、绿电交易绿证 1.69 亿张。从项目类型来看，风力发电 2.39 亿张、太阳能发电 2.02 亿张、生物质发电 359 万张、其他可再生能源发电 206 万张。

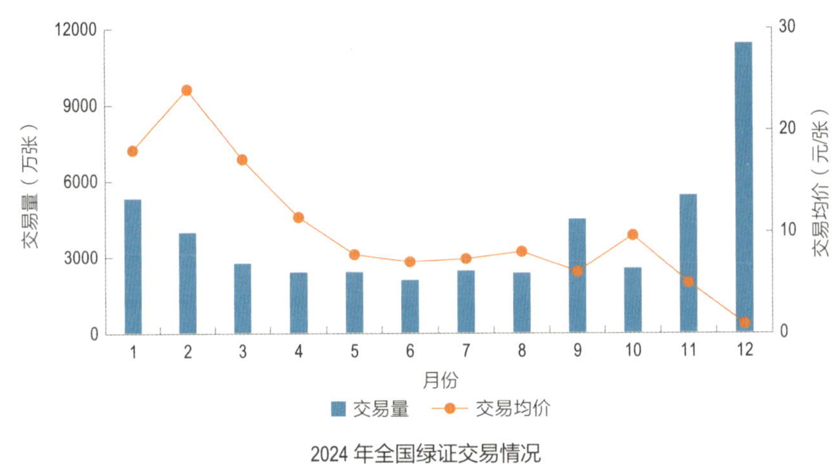

2024 年全国绿证交易情况

4. 湖南省绿证市场交易情况

湖南绿证交易购入量
173.24 万张

同比增长
6590%

2024 年，湖南省绿证交易购入量 173.24 万张，是 2023 年 2.59 万张的 66.9 倍。其中，湖南省绿证省间购入量 118.09 万张，交易均价 5.49 元 / 张；绿证省内购入量 55.15 万张，交易均价 6.88 元 / 张。

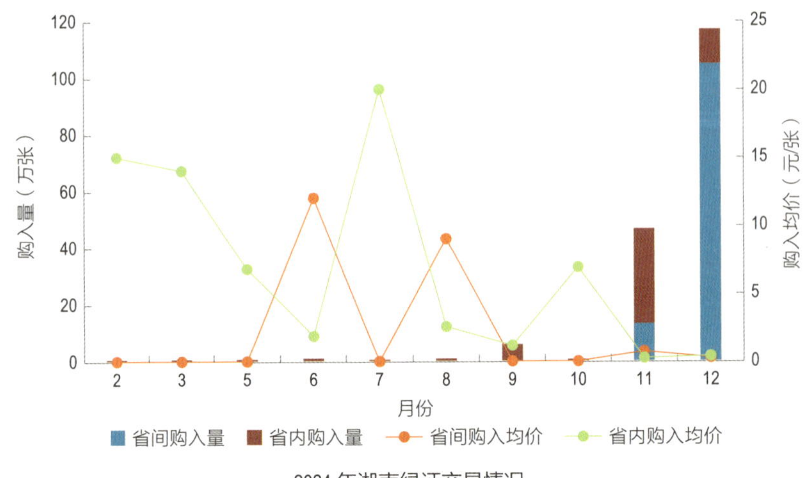

2024 年湖南绿证交易情况

5.4 电力碳排放因子

1. 全国及区域电力平均碳排放因子[1]

已公布 2022 年度全国电力平均碳排放因子（不包括市场化交易的非化石能源电量）为 0.5366 千克 CO_2/ 千瓦时，较之前 2021 年公布值 0.5568 千克 CO_2/ 千瓦时下降 3.6%。

已公布 2022 年各区域电力平均碳排放因子较 2021 年公布的数据值整体呈下降趋势。受极端天气等因素影响，华中区域电力平均碳排放因子为 0.5395 千克 CO_2/ 千瓦时，较 2021 年值有略微上升。

2022 年全国电力碳排放因子

0.5366 千克 CO_2/ 千瓦时

较 2021 年

3.6% ↘

区域电力平均碳排放因子（单位：千克 CO_2/ 千瓦时）

区域	2012 年	2021 年	2022 年
华北	0.8843	0.7120	0.6776
东北	0.7769	0.6012	0.5564
华东	0.7035	0.5992	0.5617
华中	0.5257	0.5354	0.5395
西北	0.6671	0.5951	0.5857
西南	/	0.2113	0.2268
南方	0.5271	0.4326	0.3869

2. 省级电力平均碳排放因子

2022 年，我国电力平均碳排放因子总体呈现“北高南低，东高西低”态势。湖南省电力平均碳排放因子为 0.4900 千克 CO_2/ 千瓦时，较 2021 年 0.5138 千克 CO_2/ 千瓦时下降 4.6%，较全国及华中区域电力平均碳排放因子分别低 8.7%、9.1%。

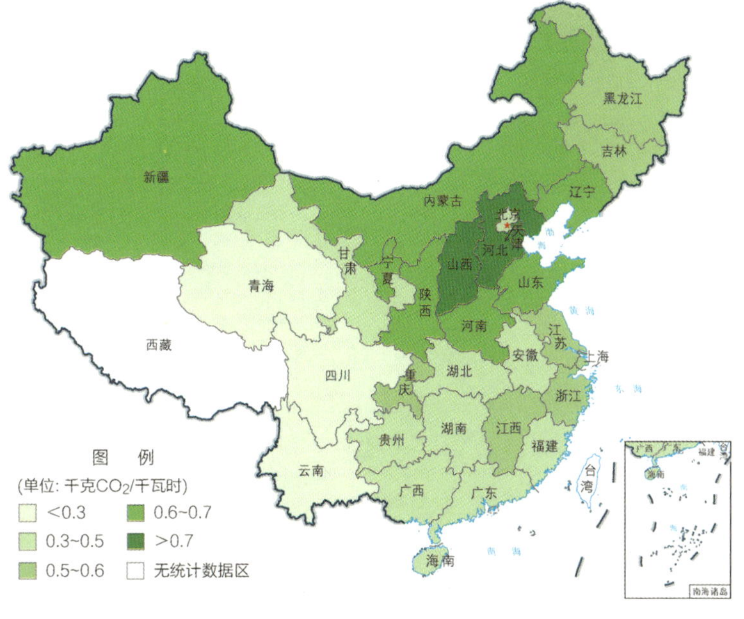

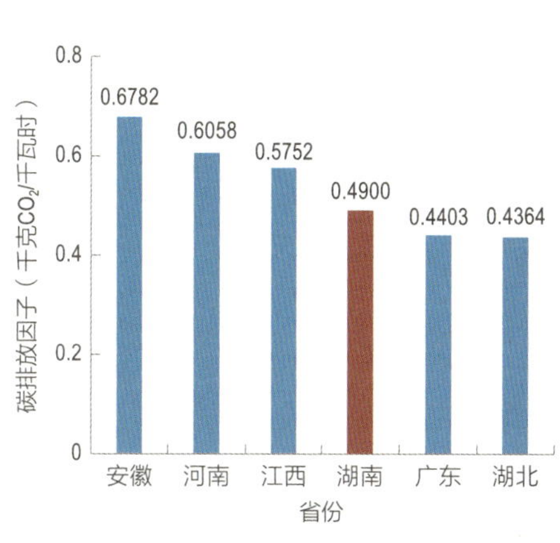

2022 年部分省份电力碳排放因子

[1] 电力碳排放因子数据均来源生态环境部、国家统计局发布的《关于发布 2022 年电力二氧化碳排放因子的公告》，2023 年、2024 年的数据暂未发布。四川、重庆两地在 2012 年属于华中区域电网，2015 年后划归为西南区域电网。

5.5 湖南省省级碳达峰试点

2024 年 7 月，湖南省发展和改革委员会印发《湖南省碳达峰试点建设方案》，在全省范围内选择 10 个城市、20 个园区推进碳达峰试点建设。2025 年 1 月，湖南省发展和改革委员会发布关于印发《湖南省碳达峰试点名单（第一批）》的通知，共 2 个试点城市、8 个试点园区入选。

1. 湖南省第一批省级碳达峰试点

湖南省第一批省级碳达峰试点城市包括长沙县和临澧县，试点园区包括浏阳经开区、株洲高新区、湘潭经开区、湘乡经开区、平江高新区、君山产业开发区、永兴经开区、嘉禾高新区。湖南以试点区域为重点，探索特色路径与典型模式，复制推广先进经验，助力湖南如期实现双碳目标。

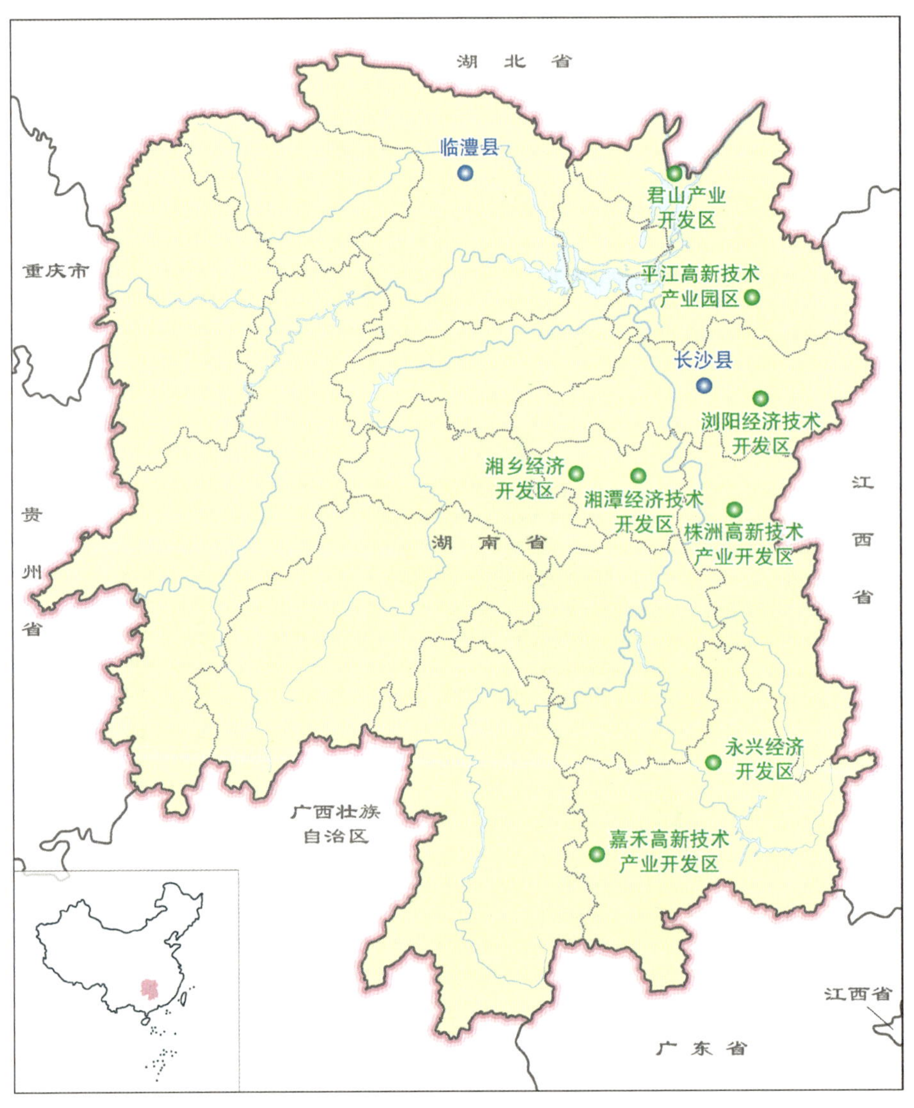

湖南省第一批省级碳达峰试点地区分布情况

2. 湖南省第一批省级碳达峰城市试点基础

县域碳达峰标杆示范区

全国发展潜力百强县榜首，率先开展“零碳县”创建工作和核算机制探索（gross ecosystem product，GEP）

工程机械、电子信息等高耗能行业能耗占比近 50%

布局氢能、光伏综合应用，探索多元化能源结构

新材料产业低碳化路径

县域新质生产力推进绿色低碳产业发展示范城市，非金属矿资源丰富

水泥、矿山、烟花等产业耗煤量占比较大

以“可再生能源 + 储能”为突破口，提升电网稳定性；工业园区“煤改气”持续推进

3. 湖南省第一批省级碳达峰园区试点基础

湖南省第一批省级碳达峰试点园区立足差异化产业基础，围绕新能源、循环经济、绿色制造等领域，通过能源结构调整、智能化治理、产业低碳转型等方式，推动园区形成多元低碳发展模式，为实现湖南省工业园区碳达峰目标提供标杆示范。

浏阳经开区

千亿级园区，获批国家级绿色园区、国家产业转型升级示范园区、国家水效领跑者园区等试点示范。园区电气化水平超过 80%，绿电消费占比逐年提高。拟试点探索千亿级产业园区绿色低碳转型发展路径。

株洲高新区

获评国家级绿色园区、国家新型工业化产业五星示范基地等，拥有轨道交通装备集群、中小航空发动机集群 2 个国家级先进制造业集群。拟试点推进交通领域绿色低碳循环发展。

湘潭经开区

获评国家级绿色工业园区、国家产业转型升级示范园区等。已建成屋顶光伏 54.54 万米^2，光伏电站总装机 80MW，绿证消费占比 10%，终端电气化率 50%。拟试点推进园区电力绿色化转型，提升绿电绿证利用水平。

湘乡经开区

长株潭“两型社会”建设示范区，园区形成了废玻璃、废旧塑料再生利用等循环经济产业链，已有 100 家企业建立工业企业碳账户。拟试点探索园区循环经济助力节能降碳和绿色金融助力产业转型推进碳达峰碳中和的路径。

平江高新区

国家新型工业化产业示范基地、省级绿色园区和省“五好”园区，形成了绿色休闲食品、云母制品、石膏建材等产业集群。2023 年园区绿色产业增加值占比超过 30%。绿色建筑面积达 4.76 万米^2，占比 55.3%。拟试点探索建筑领域绿色、低碳高质量发展。

君山产业开发区

获评省级绿色园区，成功注册湿地碳汇 VCS 项目，推进“零碳园区”建设项目，以低风速风电和分布式光伏为支撑，建设园区新型电力系统。拟试点探索央企与地方合作推进零碳园区的实施路径。

永兴经开区

稀贵金属废料综合回收利用品种和产量全国领先，金、银、铋、碲和铂族等金属主要生产供应基地，获批国家稀贵金属再生利用产业化基地、国家循环经济示范基地等。拟试点探索资源循环利用产业实现绿色低碳高质量发展的有效路径。

嘉禾高新区

以金属制品为主导产业，以通用设备制造为特色产业，以锻铸造为优势产业，成功创建省级循环经济产业园、省级绿色园区。2023 年高新技术产业营业收入 50.55 亿元，占规上企业营收 66.03%。拟试点探索园区推进传统产业绿色低碳转型发展。

5.6 湖南省双碳平台启动建设

2024 年 12 月，湖南省双碳平台正式启动建设。该平台集成碳全景监测、碳核算分析、碳效水平评估、碳足迹认证、碳政策知识等多个功能模块于一体，为湖南省首个双碳综合服务大数据平台，平台建成后将为湖南省碳达峰碳中和工作提供重要支撑。

融合能源生产供应侧、能源终端消费侧
两大 数据基础底座

企业数据来源
600+ 家

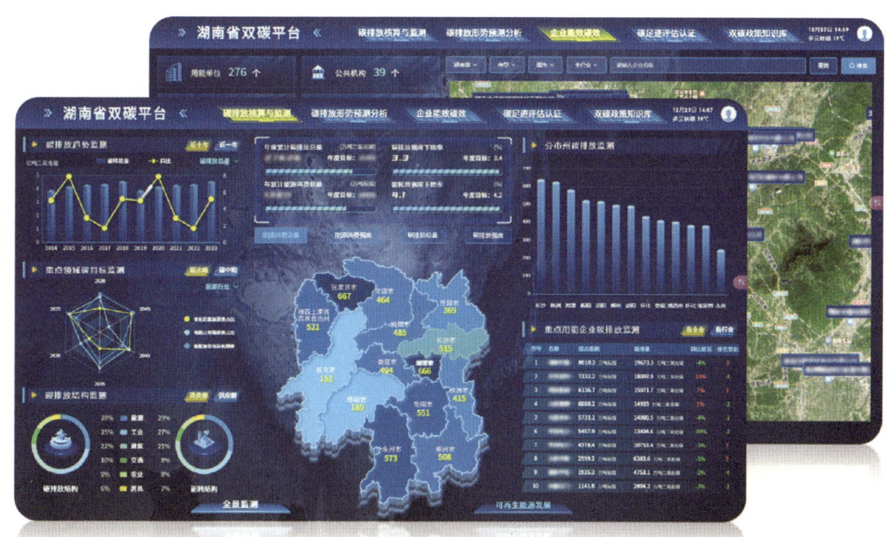

湖南省双碳平台建设开发页面

双碳平台建设五大目标

湖南省双碳平台将围绕地方碳目标考核评价、行业碳排监测管控、企业减碳降碳管理、项目碳排放评价、产品碳足迹评估等碳排放双控五大维度目标，深度融合能源生产端及消费端数据，结合能—碳转换模型、混合优化预测模型、工序级碳足迹核算模型等自主知识产权成果，系统构建符合湖南省实际的双碳数据指标体系，实现对各层级碳排放数据的统一监测、核算、预测和管理。

碳目标考核	**4 大** 核心碳指标目标考核
碳排放监控	**以能折碳** 月度级监测
企业减碳降碳	**280+** 重点用能企业降碳减碳
碳排放评价	**省市级** 碳排放影响评价
碳足迹认证	**20+** 项工序级碳足迹核算模型

湖南省双碳平台建设五大目标

湖南省能源发展报告 2025
Annual Report on Hunan's Energy Development 2025

6 能源政策篇

CHAPTER SIX

6.1 “双碳”战略

1. 碳排放双控

◆ 相关政策

《加快构建碳排放双控制度体系工作方案》(国办发〔2024〕39 号)

《湖南省加快构建碳排放双控制度体系工作方案》(湘发改环资〔2024〕846 号)

◆ 政策目标

2025 年，完善碳排放统计核算体系，建成国家温室气体排放因子数据库。

“十五五”时期，实施以强度控制为主、总量控制为辅的碳排放双控制度，构建产品碳足迹管理体系和碳标识认证制度。

碳达峰后，实施以总量控制为主、强度控制为辅的碳排放双控制度，健全产品碳足迹管理体系，推行碳标识认证制度。

◆ 政策要点

完善规划制度

- 将碳排放指标纳入规划，健全法规制度。
- 完善政策体系，研究制订实施方案，确保 2030 年前实现碳达峰。

探索重点行业领域预警管控

- 开展重点行业领域碳排放核算，采用“以电算碳”等方式。重点行业包含电力行业等。
- 开展重点行业领域碳排放监测预警。

建立评价考核制度

- 科学分解碳排放“双控“指标，考虑能源结构、绿证绿电、碳排放交易等因素。
- 建立健全评价考核制度，以碳排放强度和总量为重点。
- 建立碳排放预算管理制度，加强碳排放“双控“形势监测。

严格企业节能降碳管理

- 加强重点用能和碳排放单位管理，推动能源等领域重点企业明确碳排放管理部门。
- 发挥市场机制调控作用，探索引入“碳票”机制，加强绿电绿证交易。

开展固定资产投资项目碳排放评价

- 完善固定资产投资项目节能审查制度、建设项目环境影响评价制度。
- 开展重大项目后评价，聚焦电力等领域重点碳排放单位。

建立产品碳足迹管理体系

- 开展产品碳足迹核算。长沙、湘潭(国家碳达峰试点城市)制订碳足迹管理体系建设计划，指导重点外贸行业企业开展产品碳足迹核算。其余市州每年选取 2~3 个重点行业企业建立产品碳足迹数字化管理系统。
- 建立碳足迹背景数据库，开展产品碳标识认证。

2. 碳足迹管理

◆ 相关政策

《关于建立碳足迹管理体系的实施方案》(环气候〔2024〕30号)

《重点工业产品碳足迹核算规则标准编制指南》(工信厅节函〔2024〕411号)

◆ 政策目标

到2027年，碳足迹管理体系初步建立，发布国家产品核算通则标准，制定100个重点产品核算规则，构建碳足迹因子数据库，建立标识认证和分级管理制度，推动规则国际衔接。

到2030年，碳足迹管理体系更加完善，制定200个核算规则，建成高质量因子数据库，全面建立标识认证制度，优化应用场景，逐步与国际接轨，实质性参与国际规则制定。

◆ 政策要点

建立健全碳足迹管理体系

- 发布产品碳足迹核算通则标准、重点产品碳足迹核算规则标准。优先聚焦电力、煤炭、天然气、燃油、氢、锂电池、光伏等产品。
- 建立完善产品碳足迹因子数据库，优先聚焦基础能源等领域。
- 建立产品碳标识认证制度、产品碳足迹分级管理制度、碳足迹信息披露制度。

构建多方参与的碳足迹工作格局

- 强化政策支持与协同，鼓励将产品碳足迹纳入绿色低碳供应链和产品等评价指标，充分发挥产品碳足迹促进产业链上、下游企业应用低碳技术、实施低碳改造、优化能源资源配置等的积极作用。
- 加大金融支持力度，丰富拓展推广应用场景，鼓励地方试点和政策创新、重点行业企业先行先试。

推动产品碳足迹规则国际互信

- 积极应对国际涉碳贸易政策，推动产品碳足迹规则国际对接，推动与共建“一带一路”国家产品碳足迹规则交流互认，加强国际交流与合作。
- 积极参与国际标准规则制定，力争在锂电池、光伏等领域推动制定产品碳足迹国际标准。

持续加强产品碳足迹能力建设

- 加强产品碳足迹核算能力建设，规范产品碳足迹专业服务，加强产品碳足迹人才培养，强化产品碳足迹数据质量，建立数据质量计量支撑保障体系，加强数据安全和知识产权保护。

3. 碳足迹认证

◆ 相关政策

《关于开展产品碳足迹标识认证试点工作的通知》(国市监认证发〔2024〕85 号)

◆ 政策目标

通过开展试点工作，引导各层级力量参与产品碳足迹标识认证工作，形成可复制推广的经验，助力碳达峰碳中和，推动经济社会全面绿色转型。

◆ 政策要点

试点对象和条件

优先聚焦锂电池、光伏等产品。试点产品所在区域的产业规模或销量全国领先，产业链完整度好，区域内或省内能覆盖全产业链 85% 以上，配套企业 70 家以上，具有较好的产品碳足迹数据基础。

试点任务

1. 建立工作体系

健全工作机制，明确目标、任务、举措、责任单位、进度安排等内容。

2. 提高数据质量

合理确定数据收集方式和质量控制措施，强化碳计量应用，提升数据可靠性和即时性，指导企业提升碳足迹数据计量、监测与核算能力。

3. 保障数据安全

落实数据安全法规，提升数据安全水平，强化外贸行业数据对外流通管理，保障数据交换环境健全可靠。

4. 提升管理水平

提升企业碳足迹管理能力，对标先进水平，查找薄弱环节，强化节能降碳管理，推动供应链绿色低碳转型。

5. 强化质量管控

加强对认证活动和获证企业的跟踪指导，打击虚标行为，将处罚等信息纳入国家信用公示系统。

6. 创新政策机制

推行适宜的政策措施，推动认证结果作为绿色金融采信依据，推动国际互认，将推进产品碳足迹标识认证融入绿色营商环境、碳达峰碳中和、美丽中国建设等工作。

7. 健全效果评估

探索实施成效评价方法，围绕多维度效益开展综合评估。

8. 丰富应用场景

加大低碳足迹较低产品的政府采购力度，推动标识在消费品领域应用，加强宣传，引导企业展示碳标识，鼓励消费者购买低碳产品。

◆ 湖南试点

湖南湘潭市钢铁(粗钢)、株洲市钢铁(轧辊)两项产品入选试点名单，试点期限为 3 年。

4. 节能降碳

◆ 相关政策

《2024—2025 年节能降碳行动方案》(国发〔2024〕12 号)

◆ 政策目标

2024 年，单位 GDP 能耗和二氧化碳排放分别降低 2.5%、3.9% 左右，规模以上工业单位增加值能耗降低 3.5% 左右，非化石能源消费占比达 18.9% 左右，重点领域和行业节能降碳改造节能约 5000 万吨标准煤、减排二氧化碳约 1.3 亿吨。

2025 年，非化石能源消费占比达到 20% 左右，尽最大努力完成“十四五”节能降碳约束性指标。

◆ 政策要点

十大行动

化石能源消费减量替代行动

- 严格合理控制煤炭消费
- 优化油气消费结构

非化石能源消费提升行动

- 加大非化石能源开发力度
- 提升可再生能源消纳能力
- 大力促进非化石能源消费

用能产品设备节能降碳行动

- 加快用能产品设备和设施更新改造
- 加强废旧产品设备循环利用

钢铁行业节能降碳行动

- 加强钢铁产能产量调控
- 深入调整钢铁产品结构
- 加快钢铁行业节能降碳改造

建筑节能降碳行动

- 加快建造方式转型
- 推进存量建筑改造
- 加强建筑运行管理

建材行业节能降碳行动

- 加强建材行业产能产量调控
- 严格新增建材项目准入
- 推进建材行业节能降碳改造

有色金属行业节能降碳行动

- 优化有色金属产能布局
- 严格新增有色金属项目准入
- 推进有色金属行业节能降碳改造

交通运输节能降碳行动

- 推进低碳交通基础设施建设
- 推进交通运输装备低碳转型
- 优化交通运输结构

石化化工行业节能降碳行动

- 严格石化化工产业政策要求
- 加快石化化工行业节能降碳改造
- 推进石化化工工艺流程再造

公共机构节能降碳行动

- 加强公共机构节能降碳管理
- 实施公共机构节能降碳改造

6.2 新型电力系统

1. 行动方案

◆ 相关政策

《加快构建新型电力系统行动方案（2024—2027 年）》（发改能源〔2024〕1128 号）

◆ 政策目标

加快推进新型电力系统建设，为实现碳达峰目标提供有力支撑。

◆ 政策要点

九大专项行动

电力系统稳定保障行动

- 优化加强电网主网架
- 提升新型主体涉网性能
- 推进构网型技术应用
- 持续提升电能质量

大规模高比例新能源外送攻坚行动

- 提高在运输电通道新能源电量占比
- 开展新增输电通道先进技术应用

配电网高质量发展行动

- 组织编制建设改造实施方案
- 健全配电网全过程管理
- 制定修订一批配电网标准
- 建立配电网发展指标评价体系

需求侧协同能力提升行动

- 典型地区需求侧响应能力达 5%，有条件的典型地区需求侧响应能力达 10%
- 建设一批虚拟电厂

智慧化调度体系建设行动

- 加强智慧化调度体系总体设计，适应高比例新能源和新型主体对电力调度的新要求
- 创新新型有源配电网调度模式

电动汽车充电设施网络拓展行动

- 完善充电基础设施网络布局
- 加强电动汽车与电网融合互动
- 建立健全充电基础设施标准体系

新能源系统友好性能提升行动

- 打造一批系统友好型新能源电站，新能源置信出力 10% 以上
- 实施一批算力与电力协同项目
- 建设一批智能微电网项目

电力系统调节能力优化行动

- 建设一批共享储能电站，聚焦新型储能优化系统调节能力
- 探索应用一批新型储能技术

新一代煤电升级行动

- 开展新一代煤电试验示范，以清洁低碳、高效调节、快速变负荷、启停调峰为主线任务
- 推动新一代煤电标准建设

2. 电力系统调节能力

◆ 相关政策

《电力系统调节能力优化专项行动实施方案（2025—2027年）》（发改能源〔2024〕1803号）

◆ 政策目标

通过调节能力的建设优化，支撑2025—2027年年均新增2亿千瓦以上新能源的合理消纳利用，全国新能源利用率不低于90%。

◆ 政策要点

编制调节能力建设方案

- 科学测算调节能力需求，保障电力系统安全稳定运行和新能源合理消纳利用。
- 着力增强抽水蓄能调节能力，高质量建设一批抽水蓄能电站，提升系统支撑调节能力。
- 着力提升火电调节能力，推动2027年实现存量煤电机组“应改尽改”，探索煤电机组深度调峰，适度布局一批调峰气电项目。
- 统筹提升可再生能源调节能力，支持流域龙头水库电站建设，推进水电扩机增容等灵活性提升改造，积极布局系统友好型新能源电站建设，因地制宜建设光热电站，鼓励生物质发挥调节能力。
- 改造或建设一批调度机构统一调度的新型储能电站；大力提升电网资源配置调节能力；深入挖掘负荷侧资源调节潜力。

完善调节资源调用方式

- 完善调节资源的分级调度；明确各类调节资源的调用序位，尽量减少主力煤电机组频繁深度调峰、日内启停调峰。
- 差异化发挥抽水蓄能电站调节作用。省内调节电站重点促进本地新能源消纳及保障电力安全供应，区域调节电站优先保障电力安全供应。
- 优化煤电机组的调用方式。提升新型储能调用水平，增强本地电力供应保障能力，提升新能源消纳水平。
- 推动系统友好型新能源电站一体化调用；探索沙戈荒大型风电、光伏基地和水风光基地一体化调用。

完善调节资源参与市场机制

- 完善峰谷电价机制，通过市场竞争形成合理峰谷价差，推动各类调节资源参与现货市场。
- 加强区域内调节能力统筹和优化，建立健全辅助服务市场体系，强化辅助服务市场规则执行。
- 加快建立市场化容量补偿机制，以市场为导向确定容量需求和容量价值，对有效容量合理补偿。

3. 煤电改造

◆ 相关政策

《关于加强煤电机组灵活性改造和深度调峰期间安全管理的通知》(国能发安全〔2024〕58 号)

《煤电低碳化改造建设行动方案(2024—2027 年)》(发改环资〔2024〕894 号)

◆ 政策目标

推动煤电行业向清洁低碳转型，助力行业高质量发展，为新型能源体系建设、稳步实现“双碳”目标提供有力支撑。

◆ 政策要点

加强煤电机组灵活性改造和深度调峰期间安全管理

- 严格落实企业主体责任：加强对煤电机组灵活性改造各环节的管控，合理分配调峰出力。
- 加强灵活性改造安全管理：改造方案应评估各因素，并在冬季运行机组对应场景下验证机组的稳定性和安全性，严格按设计要求进行改造，项目投运前应完成调试、验收、试验。
- 强化设备运行维护：加强运行监控、日常巡检、检测检验，完善预防机制，提升设备可靠性。
- 科学调整检修模式：发电企业应采用计划检修和状态检修相结合的模式，统筹电力供应和设备检修需求。
- 加强机组运行监测：发电企业要完善运行操作规程、做好策略优化、制订应对预案、实施有效演练，重点关注机组负荷速率变化，坚决防范因频繁调峰等导致的相关事故。
- 鼓励开展技术创新：鼓励改造采用新材料、新工艺、新技术，提高设备安全裕量和材料疲劳抗力；鼓励开展关键部位状态监测技术研究，实时掌握设备状态；鼓励研究采用宽负荷高效发电技术，有效控制低负荷运行时煤耗增加幅度；鼓励采用技术创新拓宽机组调峰能力及增强低负荷下机组安全稳定性。

煤电低碳化改造

改造目标

- 到 2025 年，首批煤电低碳化改造建设项目全部开工；相关项目度电碳排放较 2023 年同类煤电机组平均碳排放水平降低 20% 左右、显著低于现役先进煤电机组碳排放水平。
- 到 2027 年，煤电低碳发电技术路线进一步拓宽；相关项目度电碳排放较 2023 年同类煤电机组平均碳排放水平降低 50% 左右、接近天然气发电机组碳排放水平。

改造和建设方式

- 生物质掺烧：改造后机组应具备掺烧 10% 以上生物质燃料能力。
- 绿氨掺烧：改造后机组应具备掺烧 10% 以上绿氨能力。
- 碳捕集利用与封存：推广应用二氧化碳高效驱油等地质利用技术、二氧化碳加氢制甲醇等化工利用技术。因地制宜实施二氧化碳地质封存。

4. 配电网高质量发展

◆ 相关政策

《关于新形势下配电网高质量发展的指导意见》(发改能源〔2024〕187号)

《配电网高质量发展行动实施方案(2024—2027年)》(国能发电力〔2024〕59号)

《增量配电业务配电区域划分实施办法》(发改能源规〔2024〕317号)

◆ 政策目标

到2025年,配电网结构更坚强清晰,承载力和灵活性提升,具备5亿千瓦分布式新能源和1200万台充电桩接入能力,配电网数字化转型全面推进,智慧调控运行系统加快升级。

到2030年,基本完成配电网柔性化、智能化、数字化转型,较好满足分布式电源、新型储能及各类新业态发展需求,以高水平电气化推动实现非化石能源消费目标。

◆ 政策要点

指导意见

- 补齐电网短板,夯实保供基础:全面提升供电保障能力,提高装备能效和智能化水平,强化应急保障能力建设。
- 提升承载能力,支撑转型发展:满足大规模分布式新能源接网需求,满足大规模电动汽车等新型负荷用电需求,推动新型储能多元发展,推动电力系统新业态健康发展。
- 强化全程管理,保障发展质量:统筹制订电网规划,优化项目投资管理,协同推进工程建设,完善调度运行机制,提升运维服务水平。
- 加强改革创新,破解发展难题:持续推进科技创新,健全市场交易机制,持续优化电价机制,完善财政金融政策。
- 加强组织保障,统筹推进工作:建立健全工作机制,压实各方工作责任,持续开展监管评估。

行动实施方案工作重点

加快推动一批供电薄弱区域配电网升级改造项目。	针对性实施一批防灾抗灾能力提升项目。	建设一批满足新型主体接入的项目。	创新探索一批分布式智能电网项目。

增量配电业务配电区域

- 增量配电业务配电区域是指拥有配电网运营权的企业向用户配送电能,并依法经营的区域。
- 在一个配电区域内,只能有一家企业拥有该配电网运营权。
- 国家发展改革委、国家能源局负责对全国配电区域划分实施情况进行监督管理;省级能源主管部门负责本省配电区域划分;国家能源局派出机构负责向增量配电业务项目业主颁发电力业务许可证(供电类)。

5. 可再生能源

◆ 相关政策

《做好新能源消纳工作 保障新能源高质量发展的通知》（国能发电力〔2024〕44 号）

《关于大力实施可再生能源替代行动的指导意见》（发改能源〔2024〕1537 号）

◆ 政策目标

“十四五”重点领域可再生能源替代取得积极进展，“十五五”各领域优先利用可再生能源的生产生活方式基本形成，2025、2030 年全国可再生能源消费量分别达到 11 亿、15 亿吨标准煤以上。

◆ 政策要点

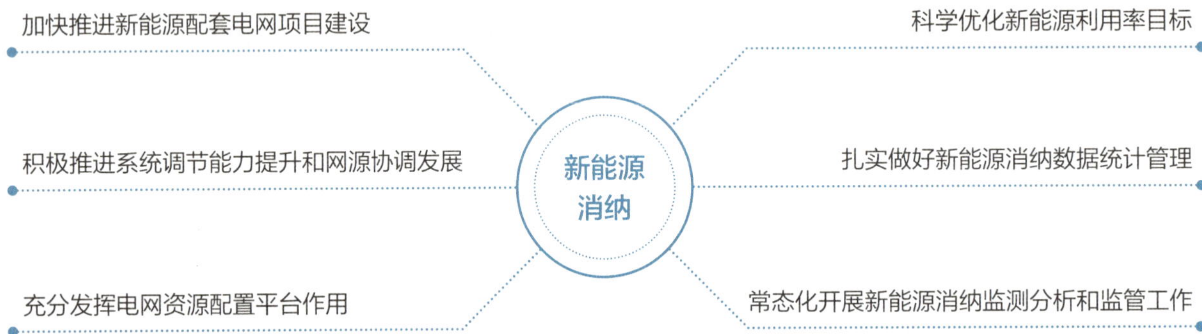

可再生能源替代

- 着力提升可再生能源安全可靠替代能力：全面提升可再生能源供给能力；加快可再生能源配套基础设施建设；深入挖掘需求侧资源调控潜力；多元提升电力系统调节能力。
- 加快推进重点领域可再生能源替代应用：协同推进工业用能绿色低碳转型；加快交通运输和可再生能源融合互动；深化建筑可再生能源集成应用；全面支持农业农村用能清洁化、现代化；统筹新基建和可再生能源开发利用。
- 积极推动可再生能源替代创新试点：加快试点应用；推动业态融合创新。
- 强化可再生能源替代保障措施：健全法律法规标准；完善绿色能源消费机制；落实科技财政金融支持政策；健全市场机制和价格机制；深化推进国际合作；加强宣传引导。

6. 新型储能

◆ 相关政策

《国家发展改革委 国家能源局关于加强电网调峰储能和智能化调度能力建设的指导意见》

《关于促进新型储能并网和调度运用的通知》(国能发科技规〔2024〕26号)

◆ 政策目标

到2027年，全国抽水蓄能电站规模达8000万千瓦以上，需求侧响应能力达最大负荷的5%以上，保障新型储能市场化的政策体系基本建成，适应新型电力系统的智能化调度体系逐步形成，支撑全国新能源发电量占比达到20%以上、新能源利用率保持在合理水平，保障电力供需平衡和系统安全稳定运行。

◆ 政策要点

加强调峰能力建设

- 着力提升支撑性电源调峰能力。
- 统筹提升可再生能源调峰能力。
- 大力提升电网优化配置可再生能源能力。
- 挖掘需求侧资源调峰潜力。

推进储能能力建设

- 做好抽水蓄能电站规划建设。
- 推进电源侧新型储能建设。
- 优化电力输、配环节新型储能规模和布局。
- 发展用户侧新型储能。
- 推动新型储能技术多元化协调发展。

推动智能化调度能力建设

- 推进新型电力调度支持系统建设。
- 提升大电网跨省跨区协调调度能力。
- 健全新型配电网调度运行机制。
- 探索多能源品种和源网荷储协同调度机制。

强化市场机制和政策支持保障

- 积极推动各类调节资源参与电力市场。
- 建立健全促进调节资源发展的价格机制。
- 健全完善管理体系。

新型储能并网和调度

- 总体要求：准确把握新型储能功能定位；明确接受电力系统调度新型储能范围。
- 加强运行管理：规范新型储能并网接入管理；优化新型储能调度方式；加强新型储能运行管理。
- 明确技术要求：规范新型储能并网接入技术要求；明确新型储能调度运行技术要求；鼓励存量新型储能技术改造；推动新型储能智慧调控技术创新。
- 强化协调保障：加强新型储能项目管理；做好新型储能并网服务；以市场化方式促进新型储能调用；加强新型储能并网调度监督管理。

7. 充电基础设施

◆ 相关政策

《关于推动车网互动规模化应用试点工作的通知》(发改办能源〔2024〕718号)

《关于选取部分县乡地区开展充电基础设施建设应用推广活动的通知》(国能综通电力〔2024〕96号)

◆ 政策目标

开展车网互动规模化应用试点:全面推广新能源汽车有序充电,扩大双向充放电(vehicle to grid,V2G)项目规模,以城市为主体完善政策机制,以V2G项目为主体探索商业模式,以市场化机制引导车网互动规模化发展。

开展充电基础设施建设应用推广活动:加快建设有效覆盖的农村地区充电网络,支持新能源汽车下乡和乡村振兴。

◆ 政策要点

车网互动规模化应用试点

试点条件

- 试点地区应全面执行充电峰谷分时电价,力争年度充电电量60%以上集中在低谷时段,其中私人桩充电电量80%以上集中在低谷时段。
- 试点的V2G项目放电总功率原则上不低于500千瓦,年度放电量不低于10万千瓦时(西部地区可适当降低)。

重点任务

- 发挥电力市场的激励作用。
- 完善价格与需求响应机制。
- 加强智能有序充电应用推广。
- 促进V2G技术与模式协同创新。
- 强化工作保障和有效引导。

充电基础设施建设应用推广活动

- 全国选取33个县(县级市、县、自治县、旗)、74个乡(镇)开展充电基础设施建设应用推广活动。其中,湖南省的长沙县、长沙县黄花镇、永顺县芙蓉镇、新化县洋溪镇共4个地区入选。
- 各省(自治区、直辖市)要严格落实推进建设工作的主体责任,加强组织协调和监督管理,按年度向国家能源局上报工作进展,并于2025年底进行总结评估。
- 国家能源局将结合推广地区充电设施建设情况,适时推动典型经验和成熟模式在全国范围内应用,推动农村地区充电基础设施高质量发展。

6.3 电力市场

1. 总体规划

◆ 相关政策

《电力市场运行基本规则》(中华人民共和国国家发展和改革委员会令 2024 年第 20 号令)

《关于建立健全电力辅助服务市场价格机制的通知》(发改价格〔2024〕196 号)

《湖南电力辅助服务管理实施细则》(湘监能市场〔2024〕55 号)

◆ 政策目标

规范电力市场行为，依法保护市场成员的合法权益，保证电力市场的统一、开放、竞争、有序。

◆ 政策要点

交易成员：

- 经营主体包括发电企业、售电企业、电力用户和新型经营主体(储能、虚拟电厂、负荷聚合商等)。
- 电力市场运营机构包括电力交易机构、电力调度机构。
- 提供输配电服务的电网企业。

交易类型：

- 电能量交易(电力中长期交易和电力现货交易)、电力辅助服务交易、容量交易等。

电能量交易：

- 由电力市场运营机构按照电力市场运行规则组织实施，也可以由电力交易双方协商。
- 不得串通报价、哄抬价格、扰乱市场秩序、操纵市场价格，有多个发电厂的发电企业不得集中报价。

电力辅助服务交易：

- 电力辅助服务分为基本电力辅助服务和有偿电力辅助服务。
- 具备条件的辅助服务采用市场竞争方式确定提供者。
- 辅助服务市场应当公平准入，不得作出歧视性规定。

湖南电力辅助服务管理实施细则适用的并网主体：

- 发电侧：火电、水力发电厂、抽水蓄能、风力发电场、光伏(含光热)电站、自备电厂等。
- 新型储能：容量不低于 4 兆瓦 /4 兆瓦时、具备条件的独立新型储能电站。以配建形式存在的新型储能项目，鼓励与其配套建设的电源联合并视为一个整体参与电力市场，也可改造转为独立储能项目。
- 负荷侧：容量不低于 5 兆瓦、向上或向下调节能力不低于 5 兆瓦、持续时间不低于 1 小时的一系列能够响应电力调度指令的直控型可调节负荷(含通过负荷聚合商、虚拟电厂等形式聚合)。

风险防控和监管：

- 建立健全电力市场风险防控机制；制定电力市场干预规则；电力市场运营机构履行市场监控和风险防控责任，接受电力监管机构监管；不得非法干预电力市场正常运行，不得实施妨碍统一市场和公平竞争的政策。

2. 绿电绿证交易

◆ 相关政策

《电力中长期交易基本规则—绿色电力交易专章》(发改能源〔2024〕1123 号)

《可再生能源绿色电力证书核发和交易规则》(国能发新能规〔2024〕67 号)

《关于做好可再生能源绿色电力证书与自愿减排市场衔接工作的通知》(国能综通新能〔2024〕124 号)

《关于加强绿色电力证书与节能降碳政策衔接大力促进非化石能源消费的通知》(发改环资〔2024〕113 号)

◆ 政策目标

促进绿色能源生产消费，推动绿色电力交易融入电力中长期交易，满足电力用户购买绿色电力需求，规范可再生能源绿色电力证书核发和交易，依法维护各方合法权益。

◆ 政策要点

绿色电力交易

- 交易机制：坚持绿色优先、市场导向、安全可靠的原则，不得开展以变相降价为目的的专场交易。
- 交易组织：包括省内交易和跨省交易，省内绿色电力交易由各省(区、市)电力交易中心组织开展，跨省区绿色电力交易由北京、广州、内蒙古电力交易中心组织开展。
- 交易方式：双边协商、挂牌交易等，鼓励发用双方签订多年期绿色电力购买协议，鼓励通过绿电交易满足跨省区绿电消费需求。
- 价格机制：电能量价格与绿证价格应分别明确。除国家有明确规定的情况外，不得对交易进行限价或指定价格。

绿色电力证书规则修订

绿证核发

- 1 个绿证单位对应 1000 千瓦时。不足核发 1 个绿证的当月电量结转至次月。
- 对项目自发自用电量和 2023 年 1 月 1 日(不含)之前的常规存量水电项目，现阶段核发绿证但暂不交易。

绿证核销

- 绿证有效期 2 年，时间自电量生产自然月(含)起计算。对 2024 年 1 月 1 日(不含)之前的电量，绿证有效期延至 2025 年底。
- 超过有效期或完成绿色电力消费的绿证，应及时核销。

绿证交易平台

- 单独交易：中国绿色电力证书交易平台，以及北京、广州电力交易中心。
- 跨省区交易：北京、广州、内蒙古电力交易中心。
- 省内交易：各省(区、市)电力交易中心。

衔接工作

- 两年过渡期内，深远海海上风电、光热发电项目可自主选择核发交易绿证或申请中国核证自愿减排量。避免项目从绿证和中国核证自愿减排量重复获益。
- 非化石能源不纳入能源消耗总量和强度调控。推动绿证交易电量纳入节能评价考核指标核算。

3. 新型经营主体

◆ 相关政策

《关于支持电力领域新型经营主体创新发展的指导意见》(国能发法改〔2024〕93号)

◆ 政策目标

充分发挥新型经营主体在提高电力系统调节能力、促进可再生能源消纳、保障电力安全供应等方面的作用，鼓励新模式、新业态创新发展，培育能源领域新质生产力，加快构建新型电力系统。

◆ 政策要点

概念与范围

- 新型经营主体是具备电力电量调节能力、新技术特征和新运营模式的配电环节各类资源，包括分布式光伏、分散式风电、储能、可调节负荷、虚拟电厂、智能微电网等。

支持创新发展

- 新型经营主体需提升技术管理水平和调节能力，更好适应新型电力系统需要。
- 鼓励虚拟电厂聚合资源提供灵活调节能力。
- 支持具备条件的企业、园区建设智能微电网。
- 探索建立通过新能源直连增加企业绿电供给的机制。
- 新型经营主体原则上可豁免申领电力业务许可证。

调度运行管理

- 新型经营主体应落实相关政策要求，满足相关技术标准。
- 鼓励调节容量5兆瓦及以上、满足相应技术指标要求的新型经营主体提供电能量和辅助服务。
- 电网企业应协助新型经营主体接入新型电力负荷管理系统或电力调度自动化系统。
- 突发情况下，新型经营主体及被聚合资源应接受电力调度机构统一指挥。

平等参与电力市场

- 与其他主体享有平等市场地位，公平承担偏差结算和不平衡资金分摊等相关费用。
- 鼓励资源聚合类主体整合资源参与市场，同一资源、同一合同周期内原则上不得重复代理。

优化市场注册

- 资源聚合类主体和被聚合资源均需注册，鼓励集中办理。

完善电力市场交易机制

- 推动新型经营主体参与中长期交易、现货市场、辅助服务市场。

计量结算

- 新型经营主体按交易类型，依据电能量计量装置进行结算。
- 资源聚合类主体的结算数据由被聚合资源计量数据加总形成，暂由电网企业清分结算到户。

6.4 能源价格

1. 居民阶梯电价

◆ 相关政策

《关于我省居民阶梯电价制度及有关事项的通知》(湘发改价调规〔2024〕14 号)

◆ 政策目标

进一步完善居民阶梯电价制度，引导居民合理用电、节约能源，同时保障低收入群体基本用电需求。

◆ 政策要点

执行范围

全省由供电企业(含地方供电企业)实行“一户一表”抄表结算到户的城乡居民用电户。

分档电量电价

- 第一档，电量 200 千瓦时及以内，基准电价按现标准执行(其中不满 1 千伏居民用户基准电价为 0.588 元 / 千瓦时)。
- 第二档，春秋季(3、4、5、9、10、11 月)电量为 200~350 千瓦时，冬夏季(1、2、6、7、8、12 月)电量为超过 200~450 千瓦时，在基准电价的基础上，每千瓦时加价 0.05 元。
- 第三档，春秋季电量为 350 千瓦时以上，冬夏季电量为 450 千瓦时以上，在基准电价的基础上，每千瓦时加价 0.30 元。
- 对尚未实行“一户一表”的城乡居民住宅小区合表用户，不执行居民阶梯电价，在基准电价的基础上，每千瓦时提高 0.016 元；对执行居民电价的非居民用户，不执行居民阶梯电价，在基准电价的基础上，每千瓦时提高 0.046 元。

特殊优惠

- “一户多人口”用电价格政策：家庭人口五人及以上且未将住宅用于经营活动的居民用户，可办理“一户多人口”用电业务，该居民用户次月起第一档居民阶梯电量基数每月增加 100 千瓦时。有效期为两年。
- 低收入家庭居民优惠电价政策：全省“最低生活保障户”和“城乡特困人员救助户”家庭每户每月免费 10 千瓦时。

2. 居民充电设施电价

◆ 相关政策

《关于继续试行居民电动汽车充电设施用电分时电价的通知》(湘发改价调规〔2024〕405号)

《关于规范电动自行车充电收费行为的通知》(发改办价格〔2024〕537号)

◆ 政策目标

充分发挥价格杠杆作用，合理引导用户削峰填谷，规范充电收费行为，引导充电服务收费标准合理形成，降低居民电动汽车充电成本。

◆ 政策要点

继续试行居民电动汽车充电设施用电分时电价

- 执行范围、分时电价维持《关于居民电动汽车充电设施用电试行分时电价的通知》(湘发改价调规〔2023〕427号)不变。
- 每日分为高峰、平段、低谷三段各8个小时。高峰11:00—14:00、18:00—23:00，电价0.704元/千瓦时；平段7:00—11:00、14:00—18:00，电价0.604元/千瓦时；低谷23:00—次日7:00，电价0.504元/千瓦时。
- 2024年7月1日起执行，时间暂定1年。

规范电动自行车充电收费行为

价费分离、明码标价

充电电费和服务费分别标示、计价；运营单位需在醒目位置明码标价，不得收取未标明的费用。

落实电价政策

居民住宅小区内的、非电网直供电的用电按居民合表用户电价计收；居民住宅小区外的用电按所在场所电价政策执行。

充电服务费市场化

运营单位应合理制订服务费标准；每次充电后于线上向用户推送计费模式、充电时长、费用等信息；不得以行政方式指定运营单位。

降低充电服务费

鼓励自建充电设施，并从低确定服务费。对第三方建设运营的充电设施，倡导不收或少收场地租赁费用、不参与或降低收入分成；鼓励通过补贴等方式降低建设运营成本。

推动电网直接供电

电网企业加快充电设施改造，尽快实现向电动自行车充电设施运营单位直接供电；新建居民住宅小区充电设施原则上由电网企业直接供电。

加强监管

各地要制定完善价费政策，引导合理收费和主动让利；市场监管部门加强监督检查，依法查处违法行为；行业协会加强自律，维护市场秩序。

3. 储能充放电价格

◆ 相关政策

《关于明确我省电化学独立储能电站充放电价格及有关事项的通知》（湘发改价调〔2024〕7 号）

◆ 政策目标

完善电化学储能电站充放电价格，推动湖南省电化学独立储能行业健康有序发展。

◆ 政策要点

- 电化学独立储能电站充电时视同为大工业用户，充电价格执行分时电价政策，其充电电量不承担输配电价和政府性基金及附加。
- 电化学独立储能电站放电价格参照湖南省燃煤发电基准价 0.45 元 / 千瓦时。
- 湖南省电化学独立储能电站充放电价差资金由省内未落实配储要求的风电、集中式光伏发电企业按照当月实际上网电量分摊，电网企业在其上网电费结算时一并扣除。名单由省能源局按月向电网企业提供。
- 电价政策适用于湖南省 2023 年 6 月 30 日前建成投运的电化学独立储能电站，之后建成投运的另行明确。试行两年。

4. 天然气价格

◆ 相关政策

《湖南省居民生活用天然气阶梯价格实施办法》(湘发改价调规〔2024〕975 号)

《湖南省管道燃气配气价格管理办法》(湘发改价调规〔2024〕976 号)

《湖南省天然气管道运输价格管理办法》(湘发改价调规〔2024〕244 号)

◆ 政策目标

引导居民合理用气、节约用气,确保居民基本用气需求;完善天然气价格机制,加强管道燃气配气价格管理,促进天然气市场可持续健康发展。

◆ 政策要点

居民生活用天然气阶梯价格

- 阶梯气价以年度为周期执行。价格保留到分,分以下四舍五入。
- 第一档,年用气量 390 米^3(含),为现行居民生活用气价格。
- 第二档,年用气量 390 米^{3}以上至 600 米^3(含),为现行居民生活用气价格 1.2 倍。
- 第三档,年用气量 600 米^{3}以上的,为现行居民生活用气价格 1.5 倍。
- 原则上以住宅(房产证明)为单位;没有房产证明的,以当地供气企业安装的气表为单位。
- 多人口家庭:人口五口人及以上且天然气没有用于商业用途的家庭可申请,每增加一口人增加第一档用气量 60 米^3/年,超出部分执行第二档气价。
- 特殊用户:学校、养老院等执行居民气价的非居民用户,暂不实行阶梯气价,气价按现行居民生活用气价格的 1.1 倍执行。

管道运输价格、管道燃气配气价格

- 企业应将管道运输、配气、其他业务分离,实现财务独立核算。
- 管道运输、管道燃气配气价格由政府定价,遵循"准许成本加合理收益"原则。
- 管道运输价格根据管道运价率、天然气入口与出口的路径和距离确定。同一入口通过多条管道向同一出口供气的,根据运输气量的加权平均确定价格。难以确定入口和出口距离的输气管道和实行"一个市场主体一个价"的管道,政府价格主管部门根据实际情况确定管道运输价格形式。
- 管道燃气配气价格按年度准许总收入除以核定的年度配送气量确定。
- 按照合理分摊配气成本原则,可分别制定居民用气、非居民用气配气价格和代输价格。调整居民配气价格,要依法履行听证等程序。

5. 成品油管道运输价格

◆ 相关政策

《关于完善成品油管道运输价格形成机制的通知》（发改价格〔2024〕1703 号）

◆ 政策目标

进一步深化石油天然气市场体系改革，提高成品油管道运输效率，保障成品油稳定供应。

◆ 政策要点

总体思路

- 国家发展改革委核定最高准许收入，国家管网集团在不超过最高准许收入的前提下，与用户协商确定跨省管道运输具体价格。

最高准许收入核定方法

- 最高准许收入由国家发展改革委按“准许成本加合理收益”原则核定，包括准许成本、准许收益和税金，并设置最低负荷率要求，当管道实际负荷率低于最低负荷率要求时，相应扣减最高准许收入。
- 最高准许收入监管周期为 3 年。每一监管周期开始前，对上一监管周期年度平均管道运输收入超出最高准许收入的部分进行清算，并在核定最高准许收入时予以扣减。

跨省管道运输价格确定方法

- 价格确定：国家管网集团应在不超过最高准许收入的前提下，综合考虑管道运营成本等因素，与用户公平协商确定跨省管道运输价格。
- 协商原则：供需双方应按照充分发挥管道运输竞争优势、促进提升管道负荷率的原则进行协商（管道运输价格不高于替代运输方式价格；对于无替代运输方式的，可参照但不高于所在、邻近地区铁路运输价格；新建管道运输价格由双方协商确定）。
- 价格调整：国家管网集团可根据国家发展改革委核定的最高准许收入，与用户协商调整价格，每年最多调整一次。首次调整价格时，确实难以协商一致的，由国家发展改革委按照与管道运输相同或相近路径的其他成品油运输方式中最低价格确定管道运输价格。

6.5 煤炭生产与利用

1. 煤矿生产

◆ 相关政策

《关于进一步加快煤矿智能化建设促进煤炭高质量发展的通知》(国能发煤炭〔2024〕38 号)

《关于建立煤炭产能储备制度的实施意见》(发改能源规〔2024〕413 号)

◆ 政策目标

推进数智技术与煤炭产业深度融合，进一步提升煤矿智能化建设水平，促进煤炭高质量发展。深化煤炭供给侧结构性改革，增强供给保障能力。

◆ 政策要点

煤矿智能化建设

进一步凝聚行业共识，全面推进建设煤矿智能化，加快生产煤矿智能化改造，创新智能化建设模式，持续推进系统优化升级，强化信息技术应用支撑，提升系统常态化运行实效，加快关键技术装备研发应用，发挥标准引领作用，加大政策支持力度，加强人才队伍建设，强化任务实施和指导协调。

煤炭产能储备制度

- 到 2027 年，初步建立煤炭产能储备制度，有序核准建设一批产能储备煤矿项目，形成一定规模的可调度产能储备。
- 到 2030 年，产能储备制度更加健全，产能管理体系更加完善，力争形成 3 亿吨 / 年左右的可调度产能储备。
- 给予产能置换优惠政策：新建煤矿按设计产能 20%、25%、30% 建设储备产能的，其新增产能（含常规产能和储备产能）的 60%、80%、100% 免予实施产能置换，已审核确认产能置换方案的，其指标的 60%、80%、100% 可另行使用。
- 优化调整煤炭矿区总体规划及规划环评要求：在符合年限要求前提下，设计产能可在煤炭矿区总体规划基础上浮动 1~3 个设计级差，最大增幅应低于规划建设规模的 30%，且不出现重大调整情形。
- 实施煤炭新增产能指标单列：产能储备煤矿的储备产能规模不占用国家煤炭发展规划的所在省区新增产能指标。

2. 煤炭清洁高效利用

◆ 相关政策

《国家发展改革委等部门关于加强煤炭清洁高效利用的意见》(发改运行〔2024〕1345 号)

《关于高质量推进实施燃煤锅炉超低排放的意见(征求意见稿)》(环办便函〔2024〕207 号)

◆ 政策目标

政策目标

2025 年底	重点区域	燃煤锅炉及自备电厂基本完成有组织、无组织超低排放改造
	其他地区	65 蒸吨 / 小时及以上燃煤锅炉 60% 完成有组织超低排放改造。自备电厂基本完成有组织、无组织超低排放改造
2028 年底	重点区域	煤炭年运输量 10 万吨及以上燃煤锅炉使用企业基本完成清洁运输改造。自备电厂基本完成全流程超低排放改造
	其他地区	65 蒸吨 / 小时及以上燃煤锅炉 80% 完成有组织、无组织超低排放改造。煤炭年运输量 50 万吨及以上燃煤锅炉使用企业基本完成清洁运输改造。80% 自备电厂完成全流程超低排放改造
2030 年	煤炭绿色智能开发能力明显增强，生产能耗强度逐步下降，储运结构持续优化，商品煤质量稳步提高，重点领域用煤效能和清洁化水平全面提升，与生态优先、节约集约、绿色低碳发展相适应的煤炭清洁高效利用体系基本建成	

◆ 政策要点

煤炭清洁高效利用

- 构建绿色协同的开发体系：加强煤炭资源勘查，优化矿区规划布局，推动煤炭集约高效开发。
- 构建安全环保的生产体系：加快煤矿安全智能化发展，提升清洁生产水平，推进节能环保升级。
- 构建清洁完善的储运体系：优化煤炭储运网络，提高储运清洁化水平，提升煤炭流通效率。
- 构建多元高效的使用体系：控制大气污染防治重点区域煤炭消费总量，推动煤电行业减污降碳，提高重点行业用煤效能，有序发展煤炭原料化利用，加强散煤综合治理，推进煤炭分质分级利用。
- 保障措施：加大政策支持力度，强化技术创新和转化应用，加强组织实施。

燃煤锅炉超低排放

- 推动燃煤锅炉结构优化调整：严格控制新增；积极开展燃煤锅炉关停整合。
- 有序推进现有燃煤锅炉超低排放改造：强化源头控制，优先选用低硫分、低灰分燃料，推广使用低氮燃烧技术，因厂制宜选择成熟适用的治理工艺；无组织排放控制采用密闭、封闭等有效治理措施；加强清洁运输改造。
- 统筹推进燃煤锅炉协同减污降碳：鼓励在超低排放改造时统筹开展减污降碳改造；因地制宜推动燃煤锅炉和自备电厂清洁能源替代。
- 强化全过程精细化管理：加强污染物排放监测；加强运行管理；强化运输管理。

6.6 天然气利用

相关政策

《天然气利用管理办法》(中华人民共和国国家发展和改革委员会令 2024 年第 21 号令)

政策目标

规范天然气利用，优化消费结构，提高利用效率，促进节约使用，保障能源安全。

政策要点

适用范围

在中华人民共和国境内从事天然气利用活动，应遵循本办法。

- 国产天然气：包括常规气，页岩气、煤层气、致密气等非常规天然气，煤制气等。
- 进口天然气：包括进口管道气、进口液化天然气等。

天然气利用方向分类

- 优先类：有利于保障国家能源安全和实现“双碳“目标、有利于产业优化，有利于保障民生、提升人民群众生活水平，具有良好的经济效益和社会效益。例如：城镇居民生活用气、公共服务设施等用气。
- 限制类：不利于资源和能源节约，不利于产业结构优化升级，或者存在低水平重复建设，应禁止新建和扩建。例如：以天然气为原料生产甲醇等。
- 禁止类：不符合有关法律法规规定和《产业结构调整指导目录》，严重浪费天然气资源、不符合能源革命要求，需要予以淘汰的利用方向。例如：天然气常压间歇转化工艺制合成氨等。
- 允许类：在本办法优先类、限制类、禁止类之外，符合有关法律、法规和政策规定的天然气利用方向。例如：城镇建成区已通气未实行集中式采暖的分户式采暖用户等。
- 限制类用气领域违规新建或已建产能扩建的天然气利用项目，项目主管机关不予审批(核准)。
- 禁止类用气领域未采取措施予以淘汰的，不予用气保障。

7 能源技术篇

CHAPTER SEVEN

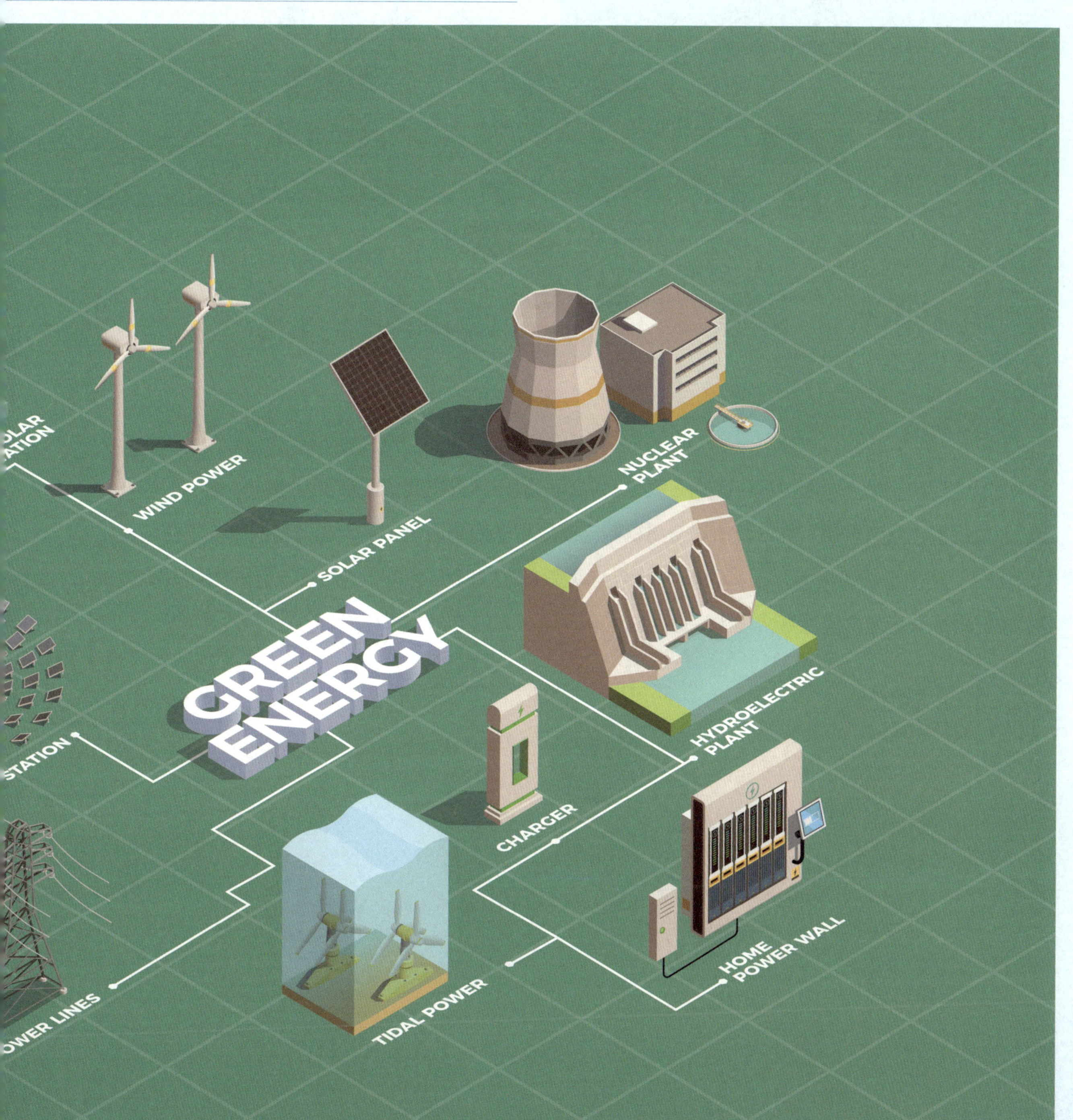

7.1 虚拟电厂技术

1. 技术定义

虚拟电厂是一种通过先进的数智化技术，将一定区域内的可调节负荷、分布式电源、储能等资源进行聚合、协调、优化，构成可参与电力市场交易及响应电网运行调节的主体或系统。其聚合对象已涵盖分布式电源、储能、电动汽车及可调节负荷等各类分散资源。

2. 技术体系

虚拟电厂在规模化发展过程中面临三大核心挑战：其一，分布式资源数量众多、体量小、地理分散，形成规模化聚合难题；其二，市场交易机制与商业生态尚未健全，多元主体协同面临利益协调困境；其三，复杂系统架构下存在实时响应迟滞与动态调节效能不足等技术瓶颈。针对上述系统性挑战，现已形成一套包含资源聚合技术、调控技术和运营技术的完备技术体系。

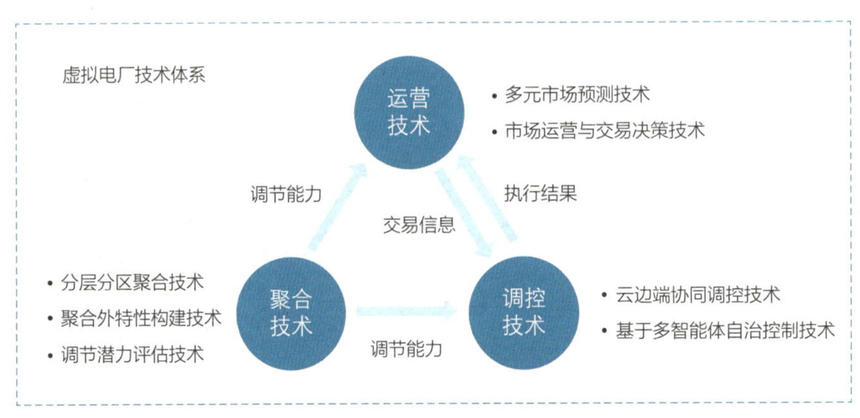

3. 技术发展历程

国内虚拟电厂的发展历程可分为初步探索、技术推广应用及运营与市场化探索三个阶段。

初步探索阶段
（2014—2016 年）

- 信息通信技术的初步应用，智能电能表的普及；
- 少数能源的简单聚合；
- 依靠中心控制室控制特定资源；
- 通过日前邀约和日内响应组织。

技术推广应用阶段
（2017—2019 年）

- 云计算、大数据等技术迅速发展；
- 整合风、光、储能等多种类型的分布式能源；
- 利用数据分析和管理技术，提升资源调度的智能化和自动化。

运营与市场化探索阶段
（2020 年—至今）

- 5G 通信、人工智能技术进一步发展；
- 聚合范围涵盖工业、交通、居民用电等多个领域；
- 管理和控制能力更高效，应用场景更丰富。

4. 国内标准体系

随着虚拟电厂的快速发展，截至 2024 年底，国家已陆续发布了《虚拟电厂管理规范》《虚拟电厂资源配置与评估技术规范》《虚拟电厂终端授信及安全加密技术规范》，正在起草《虚拟电厂技术导则》等一系列标准，旨在指导并规范虚拟电厂的建设。

《虚拟电厂管理规范》

- 国家标准；
- 适用于接入电网管理或参与电力市场化交易的虚拟电厂的规划、建设、接入、检测、运行和退出。

《虚拟电厂资源配置与评估技术规范》

- 国家标准；
- 适用于虚拟电厂投资方、建设方、运营方及相关规划设计单位开展资源配置、开发与评估工作。

《虚拟电厂终端授信及安全加密技术规范》

- 地方标准；
- 适用于在虚拟电厂业务中进行安全加密和身份认证的虚拟电厂安全加密网关、虚拟电厂安全加密终端、数字证书系统及终端侧安全防护设备。

5. 省内应用前景

2024 年 10 月，国网湖南综合能源服务有限公司星沙虚拟电厂成为湖南首家按照市场规则注册入市的虚拟电厂，揭开湖南省虚拟电厂参与建设新型电力系统的序幕。

未来，湖南省内虚拟电厂技术将进一步发展、强化资源聚合能力，实现分布式电源、储能等分散资源最优化管理；深挖虚拟电厂可调能力，通过市场化激励机制引导各利益主体参与市场竞争，开展多元化用能服务；推进运营管理建设，融入电力市场交易体系，形成合理的成本回收机制。

7.2 煤电机组低碳化改造技术

1. 技术路径

掺烧技术是煤电机组低碳化改造中重要的技术路径，主要分为生物质掺烧技术和绿氨掺烧技术。通过掺烧技术，可以显著降低煤电机组的燃煤消耗和碳排放水平。

◆ 生物质掺烧

采用生物质燃料替代部分煤炭燃烧发电，常用生物质燃料采用农林废弃物、沙生植物、能源植物等生物质资源，共有直接耦合燃烧、间接耦合燃烧和并联耦合燃烧三种技术路径。

生物质掺烧技术路径优劣情况

技术路径	技术定义	技术优势	技术劣势
直接耦合燃烧	煤炭和生物质燃料在燃煤锅炉中直接耦合燃烧	操作简单，设备投资少	燃烧效率低，产生污渍、腐蚀问题
间接耦合燃烧	生物质燃料气化或热解产生的气体通入燃煤锅炉中与煤炭耦合燃烧	改善直接耦合燃烧中污渍、腐蚀问题的影响	操作较为复杂，设备投资较高
并联耦合燃烧	生物质燃料气化或热解产生的气体与煤炭燃烧后产生的气体耦合燃烧	生物质 100% 耦合，适用多种生物质燃料	设备要求高，投资多

◆ 绿氨掺烧

采用绿氨替代部分煤炭燃烧发电，需要增设氨气输送管道和氨燃烧器等设备，在厂区内增设氨储存与供应系统。绿氨可通过风电、光伏等可再生能源的富余电力制备得到。

2. 国内试点项目

◆ 生物质掺烧

1. 大唐安徽发电有限公司 660 兆瓦超临界燃煤机组直燃耦合生物质发电项目：国内首个生物质散料直接破碎燃煤耦合掺烧项目，实现机组全年利用生物质燃料 25 万吨，减排二氧化碳 27 万吨。

2. 国家能源集团山东公司寿光 1000 兆瓦超超临界燃煤机组直接掺烧生物质项目：国内首例百万千瓦机组生物质掺烧试运项目，每小时可掺烧生物质粉料 25.36 吨，相应减少锅炉燃煤 11.29 吨。

◆ 绿氨掺烧

1. 皖能铜陵发电有限公司 300 兆瓦燃煤机组大比例掺氨燃烧试验：基于 300 兆瓦燃煤机组，实现掺氨比例为 10%~35% 多工况的掺烧稳定运行，锅炉效率与燃煤效率相当。

2. 国家能源集团台山电厂 600 兆瓦燃煤机组掺氨燃烧试验：实现了 500、300 兆瓦等多个负荷工况下燃煤锅炉掺氨燃烧平稳运行。

3. 效益分析

◆ 经济效益

煤电发电成本由固定资本和运营成本构成，固定资本包括设备购置费用、土地租赁等，运营成本包括燃料成本、人工成本等。其中，燃料成本占煤电发电成本的 60%~80%。以 600 兆瓦机组为例，标准煤煤价为 780 元 / 吨、生物质价格为 450 元 / 吨、碳税为 60 元 / 吨，高热值生物质成本与纯煤燃烧基本持平，而低热值生物质的成本较纯煤燃烧高约 0.15 元 / 千瓦时。

◆ 社会效益

以大唐安徽发电有限公司 660 兆瓦煤电机组低碳化改造项目为例，年减排二氧化碳 27 万吨，积极响应国家低碳政策，改善空气质量，助力全球气候治理；有利于新能源高效开发利用体系建设，加快以新能源为主体的新型电力系统建设。

4. 面临挑战

生物质掺烧技术、绿氨掺烧技术面临的挑战

面临挑战	生物质掺烧	绿氨掺烧
原料供应	生物质燃料分布分散，季节性强，易受天气和市场价格波动影响	绿氨燃料生产成本较高，现有装置均为小规模生产，产量较少
技术壁垒	高比例掺烧技术可能导致锅炉效率下降	绿氢、绿氨的制备技术仍存在瓶颈，且高比例掺烧技术可能导致锅炉效率下降
设备改造	传统煤电机组设备改造周期长达 6 个月	氨储存罐的布置可能造成场地不足，设备改造周期长
政策标准	缺乏生物质掺烧的相关政策、标准	缺乏绿氨掺烧的相关政策、标准

5. 省内应用前景

◆ 推进煤电机组低碳化改造

湖南省正处于煤电机组低碳化改造的重要时期，煤电机组掺烧技术可以显著降低煤电机组煤耗水平，有效推进煤电机组低碳化改造进程。

◆ 城市有机废弃物协同处理

通过掺烧市政污泥、餐厨垃圾等有机废弃物，实现城市有机废弃物“能源化”处理。

◆ 工业园区热电联供

湖南省工业园区发展速度较快，掺烧技术可为化工、造纸、食品加工等园区提供电力和工业蒸汽，提升能源效率。

◆ 促进绿氢、绿氨上游产业链发展

绿氨掺烧可以有效推动绿氢、绿氨等上游产业链的发展，促进湖南省氢能产业的发展。

7.3 热泵技术

1. 技术定义

热泵是一种在高位能（一般为电能、热能）的驱动下，将低位热源（通常是空气、水或土壤）的热能转移到高位热源的节能装置，从而为住宅、商业和工农业等提供供热服务。热泵根据低位热源种类可分为空气源热泵、地源热泵及废热源热泵等[1]。

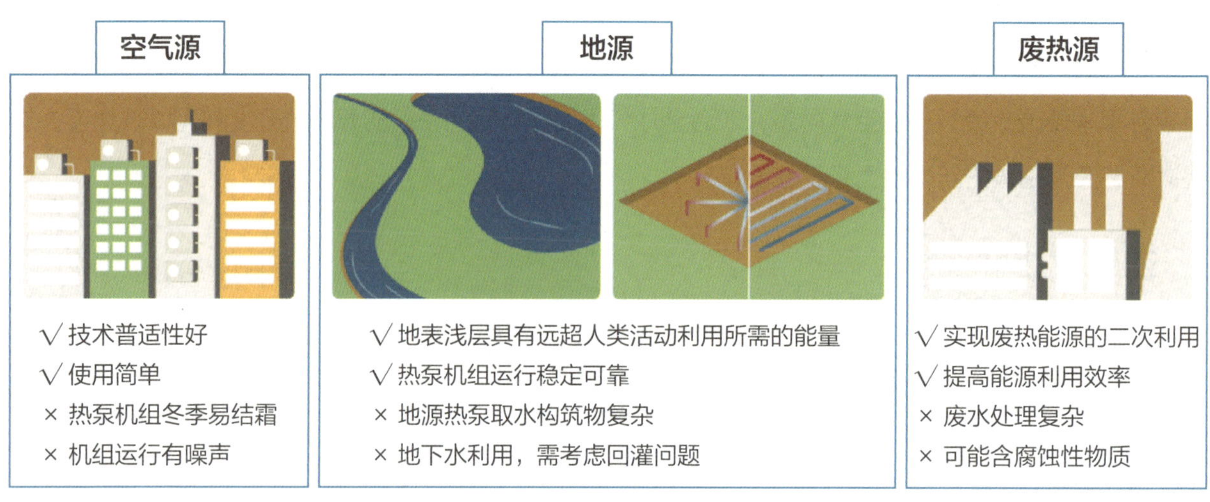

2. 技术原理

地源热泵是以岩土体、地层土壤、地下水或地表水为低温热源的热泵机。其中地下水及地表水地源热泵取水构筑物复杂，适用于中大规模工程，且应用前应先了解当地水源情况，确定用水方案。热泵机组的主要组成部件为压缩机、冷凝器、蒸发器、节流机构和辅助设备等，通过冷凝器和蒸发器分别实现取暖和制冷工况的转换。

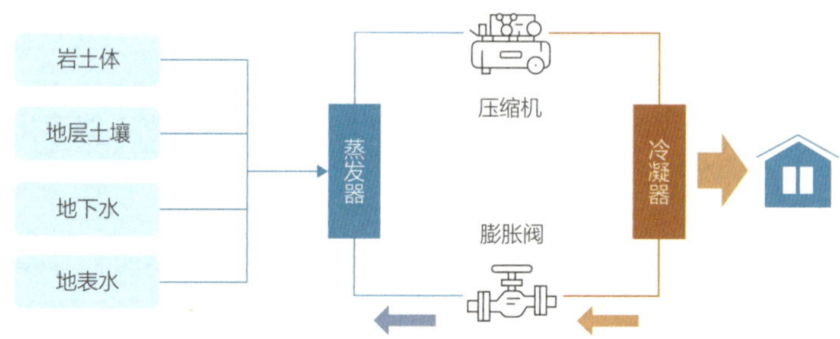

[1] 地源热泵相比其他类型热泵具有更高的能量储备、机组运行更稳定可靠，因此本报告主要对地源热泵技术进行介绍。

3. 发展路径

1870—1910 年	1910—1960 年	1960—1985 年	1985 年—至今
• 水热型地热利用技术：抽取热水输送至地面换热器，提取热能后回注入地层； • 优点：结构简单，操作便捷，技术成熟； • 难点：如何保证地热储的可持续利用。	• 浅层地源热泵技术：于 1912 年首次提出，以浅层地源作为低品位热源，提取后转移至建筑室内； • 中国在浅层地热能直接利用量、供热面积、装机容量等方面位居世界第一。	• 增强型地热系统：开发利用对象主要为干热岩，旨在解决传统地热能开发利用过程中系统输出功率小、应用面窄等局限性； • 受限于对资源禀赋要求高，仍处于发展期，大规模商业化尚存难度。	• 中深层地埋管供热技术：通过中深层地埋管换热器，抽取深部岩石内的热能； • 优点：灵活性强，占地面积小，取热不取水； • 难点：地埋管传热机理复杂，换热效率较低。

4. 应用现状

住宅和商业建筑

目前，热泵的主要应用场景为住宅和商业建筑的供暖与制冷。在北方地区，热泵可替代燃煤锅炉供热，在南方地区，热泵可进行冷暖联供。

工业领域

热泵被广泛应用于造纸、化学、金属、汽车等工业领域的供热电气化及工业干燥技术等，有利于工业产业节能降碳，提高能源利用效率。

农业领域

热泵在农业领域主要应用于干燥工艺。在农业中，干燥是一项关键工艺，热泵干燥热效率高、除湿快，所得到的干燥制品品质高，且能源消耗量降低。

5. 省内应用前景

湖南省浅层地热能资源丰富，分布广泛，据估算，14 个地州市城市规划区内浅层地热能年可开采资源量约 1.4 亿吨标准煤，相当于当前湖南省能源消费总量的 81.4% 左右。

◆ 缓解能源供需矛盾

湖南省能源对外依存度高，能源保供压力长期存在，加大地热能的开发利用，对建筑取暖制冷能源进行有效替代，有望缓解省内能源供需矛盾。

◆ 实现低碳零碳供热

热泵可替代燃煤燃气或电热炉供热，应用于建筑、工业等能源消耗及碳排放的主要领域，减少化石燃料消耗，提高能源利用效率，降低二氧化碳排放。

◆ 削减湖南省用电尖峰负荷

湖南省由于气候原因取暖制冷负荷占比高，尖峰特性突出，采取地热能取暖制冷，可有效削减用电尖峰负荷，提升系统运行效率。

7.4 能源装备技术

1. 全球首座风电行业灯塔工厂

2024 年 10 月，三一重能股份有限公司位于湖南韶山的叶片工厂，获评全球首座风电行业“灯塔工厂”。该工程重点引入了人工智能、大数据分析和智能化、自动化等前沿科技，使生产效率提升了 33%，产品缺陷率降低了 20%，交付时间缩短了 34%，标志着全球风电行业智能化生产的重大突破。

2. 车载高压供氢系统

2024 年 11 月，株洲时代新材料科技股份有限公司提供的新能源机车用车载高压供氢系统通过整车调试考核，即将进入运行阶段。该系统采用高压气态存储的方式，将氢气减压后供给燃料电池发电，驱动电机为机车提供动能，标志着时代新材的车载高压供氢系统研发能力已获得市场专业认可。

3. 新型储能智慧集控平台

2024 年 12 月，国网湖南综合能源公司自主研发的基于区块链技术的新型储能智慧集控平台，成功入选国家能源局第四批能源领域首台（套）重大技术装备目录，实现了湖南省在该领域的零突破。该平台可实现储能运行维护全流程管理，并已接入湖南省 37 座电网侧、13 座用户侧储能电站，总容量超 550 万千瓦时，为储能电站的运维提供了有力的数据支持和技术保障。

7.5 能源示范应用

1. “光储超充检”充电站

2024 年 1 月，长沙县榔梨充电站正式投运。作为湖南省首个集成“光伏发电、储能系统、液冷超充技术设备及车辆检测功能”的综合性充电站，该站配备 22 台充电桩，可同时为 40 台新能源电动汽车提供高效充电服务。该充电站的投用，不仅推动了湖南省电动汽车绿色交通转型，更为新型电力系统中“源网荷储”一体化模式提供了示范样板，对实现能源清洁化、电网智能化及交通低碳化具有重要战略意义。

2. 橘子洲零碳示范区工程

2024 年 8 月，长沙橘子洲零碳能源体验厅正式试运营。目前，橘子洲通过电力降碳、管理降碳、自然固碳等，成为全国首个“江岛零碳区”。高质量推进橘子洲示范区建设，打造在全国具有首创性、影响力、带动力的新型电力系统试点示范区，高水平建设具有湖南特色的新型电力系统。

3. 湖南首家注册入市虚拟电厂

2024 年 10 月，国网湖南综合能源服务有限公司星沙虚拟电厂揭牌仪式在长沙经济技术开发区举行，成为湖南首家按照市场规则注册入市的虚拟电厂，标志着湖南新型电力系统建设取得新的阶段性成果。

7.6 能源科技创新

2024 年，湖南省以重大平台为支撑，全力推动科技创新突破，大力推进“4+4 科创工程”建设，促进各类创新平台提质升级，取得了显著成效。其中，能源领域成果丰硕，立项重大科研课题 99 项、新增各类创新平台 30 余个、3 个主持项目获国家科学技术奖、囊括科技成果中试基地 6 家、示范性科技成果转化 2 项，为全省能源高质量发展添砖加瓦[1]。

1. 重大科研项目

湖南省重点研发项目

能源领域共 17 项

占比 7.5%[2]

涉及储能、电网、新能源装备、碳排放等多个研究方向

重大科技攻关项目

能源领域共 2 项

占比 25%

- “新能源车用全固态电池研制”
- “第四代核反应堆用液位测量系统研制与示范应用”

十大技术攻关

能源领域共 2 项

占比 20%

- “新能源混合动力机车关键技术”
- “新型电力系统用高通流逆阻型 IGCT 关键技术”

科技创新计划

能源领域共 78 项

占比 3.7%

共验收
六批科技创新计划项目

2. 科技创新平台

占比
9.7%
湖南省省级企业技术中心

新增 6 家
占比
19.4%
湖南省工程研究中心

新增 3 家
占比
20.0%
创新联合体试点企业

新增 1 家
占比
100%
国家先进制造业集群

新增 1 家
占比
3.1%
省级技术转移示范机构

[1] 本章节所涉及的能源领域项目均为 2024 年项目。
[2] 表示 2024 年能源领域项目在该项目总量中的占比，下同。

3. 荣获奖励奖项

奖励奖项

"高压大容量直流开断半导体器件、关键技术与系列化直流断路器"

获国家技术发明奖二等奖

"新型电力系统大规模锂电储能关键技术及应用""超大容量风电能量转换系统的高性能服役关键技术及应用"

获国家科学技术进步奖二等奖

2024 年中国电力企业联合会电力创新奖

特等奖 1 项、一等奖 5 项、二等奖 9 项

2024 年电力科学技术人物奖

1 人获"电力优秀科技工作者奖"

4. 科技成果转化

湖南省应用技术成果
能源相关 58 项
占比 7.7%

湖南省科技成果转化中试基地
能源相关 6 家
占比 30%

湖南省示范性科技成果转化
能源相关 2 项
占比 13.3%

湖南省科技成果转化中试基地		
湖南现代石化科技成果转化中试基地	湖南岳阳绿色化工高新技术产业开发区科技创业服务中心	岳阳市
湖南省电能变换与测控技术科技成果转化中试基地	中机国际工程设计研究院有限责任公司	长沙市
湖南省先进储能材料科技成果转化中试基地	湖南航天天麓新材料检测有限责任公司	长沙市
湖南省源网荷储能源系统科技成果转化中试基地	永清环保股份有限公司	长沙市
湖南省核技术应用科技成果转化中试基地	中核二七二铀业有限责任公司	衡阳市
湖南省新能源用先进陶瓷科技成果转化中试基地	湖南人文科技学院	娄底市
湖南省示范性科技成果转化		
高压开关智慧化技术工程化应用	湖南长高高压开关有限公司	湖南大学
废旧锂离子电池短流程回收利用关键技术及应用	湖南江冶机电科技股份有限公司	中南大学、湘潭大学

8 能源合作篇

CHAPTER EIGHT

8.1 国际交流

1. 积极拓展国际合作，共谋能源产业发展

2024 年 6 月，湖南省委书记沈晓明在长沙会见古巴共产党中央政治局委员、阿特米萨省委第一书记马丁内斯率领的古巴共产党干部考察团。双方希望进一步加强在可再生能源、生物医药、农业产业、文化旅游等领域的交流合作，加深经贸合作和人文交流，为中古共建命运共同体作出新的贡献。

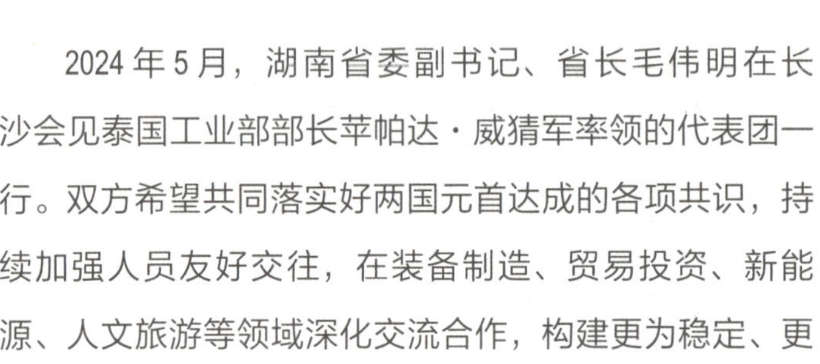

2024 年 5 月，湖南省委副书记、省长毛伟明在长沙会见泰国工业部部长苹帕达·威猜军率领的代表团一行。双方希望共同落实好两国元首达成的各项共识，持续加强人员友好交往，在装备制造、贸易投资、新能源、人文旅游等领域深化交流合作，构建更为稳定、更加繁荣、更可持续的中泰命运共同体。

2024 年 9 月，湖南省委副书记、省长毛伟明在长沙会见哈萨克斯坦共和国贸易和一体化部部长沙卡利耶夫一行。双方表达将共同落实好两国元首达成的重要共识，深度融入共建“一带一路”，持续加强农业、装备制造、矿产冶炼、新能源等领域合作，在互利共赢中实现共同发展。

2024 年 9 月，湖南省商务厅厅长沈裕谋会见尼日尔贸易与工业部部长赛杜·阿斯曼一行。双方就进一步深化湖南与尼日尔的经贸合作进行了深入交流，在农业、矿业、能源、工程机械、基础设施等方面开展更多交流合作，推动湖南与尼日尔建立牢固的合作关系。

2. 第十三届中国中部投资贸易博览会

2024 年 5 月，第十三届中国中部投资贸易博览会在湖南长沙举办。此届博览会以“开放创新　中部崛起”为主题，首次采取六省大联合模式，举办了现代石化、新能源汽车、电子信息、新材料、新能源、枢纽经济等 6 场产业链招商推介会，每场由 1 省牵头、5 省配合。参展展品覆盖先进制造业、电子信息、新能源产业等多个领域，共吸引来自 32 个国家和地区的 1052 家企业参展，参会跨国公司 220 余家，参会外宾超 600 人。湖南省着力推动石化产业升级，牵头中部地区现代石化产业招商推介会。此次推介会现场成功签约项目 18 个，总投资额 204.4 亿元。

3. 2024 国际产学研用合作会议 · 低碳冶金与新能源材料分会

2024 年 11 月，“2024 国际产学研用合作会议 · 低碳冶金与新能源材料分会”在湖南长沙举行，共同探讨低碳冶金与新能源材料领域的最新研究成果和未来发展趋势。此次会议旨在以全球视角和战略思维审视行业发展趋势，推动产学研用的深度合作，积极开拓全面战略转型的新路径，坚定地沿着绿色低碳、智能化创新、高附加值及国际化的发展道路前进，为全球绿色及可持续发展贡献智慧和力量。

8.2 国际项目

1. 泰国垃圾发电项目

2024 年 1 月，中国能源建设集团湖南省电力设计院有限公司作为牵头方，与中国能源建设集团安徽电力建设第二工程有限公司组成联合体成功签署泰国垃圾发电项目 EPC 合同。项目建成后，将发挥示范引领作用，极大提升当地垃圾无害化处理能力。在树立能建品牌、提升集团各企业抱团出海，促进当地生态环境改善、提高民众生活品质等方面具有重大意义。

2. 马来西亚彭亨州 45 兆瓦水电项目

2024 年 5 月，湖南建投水利水电有限公司携手湖南建投集团中湘海外建设发展有限公司成功中标马来西亚彭亨州 45 兆瓦水电 EPC 项目，成为湖南建投集团在东南亚区域承揽的首个水电项目。项目位于马来西亚彭亨州金马仑高原地区，建成后将有效改善彭亨州电力供应紧张的形势，为当地经济民生发展提供稳定的清洁电力保障。

3. 沙特阿尔舒巴赫 2.6 吉瓦光伏电站项目

2024 年 12 月，沙特阿尔舒巴赫 2.6 吉瓦光伏电站项目已实现 2.6 吉瓦全容量并网发电。该项目由中国能源建设集团湖南火电建设有限公司承担光伏区 600 兆瓦的整体施工，采用当前最先进的 N 形双面光伏组件和平单轴自动跟踪式支架，是全球最大在建单体光伏电站项目，是沙特“2030 愿景”新能源计划的重要组成部分。

4. 马来西亚美里联合循环燃气电站项目

2024 年 11 月，马来西亚沙捞越州美里联合循环燃气电站项目举行开工仪式。马来西亚美里联合循环燃气电站项目由中国电力建设集团中国水利水电第八工程局有限公司承建，总装机容量 500 兆瓦，预计于 2027 年底投入运营。项目建成后，将大幅提升沙捞越州电力生产能力，优化能源结构，助力马来西亚实现 2035 年可再生能源占比 40% 的目标。

5. 马来西亚 TNB 登嘉楼州南部变电站项目

2024 年 8 月，湖南建投水利水电有限公司携手湖南建投集团中湘海外建设发展有限公司成功签约 TNB 登嘉楼州南部 275 千伏 /132 千伏 /33 千伏变电站项目 EPC 总承包合同。项目主要包括 275 千伏 AIS、132 千伏 AIS 变电站和 33 千伏 GIS 变电站的设计、土建施工、设备采购与安装调试等内容。项目建成后，将整体提升该地区的输电质量与电网安全稳定性，保障当地以及周边地区电力输送，进一步促进当地经济发展。

6. 赞比亚瑞达矿山光伏储能微网发电项目

2024 年 12 月，株洲三一硅能技术有限公司在海外“光伏 + 储能 + 柴发”微电网发电领域的里程碑——赞比亚瑞达矿山光伏储能微网发电项目完成首发并网，宣告非洲首个且单体规模最大的光储柴矿山微电网项目投入运营。该项目配置了 13 兆瓦的光伏系统以及总容量达 39 兆瓦时的储能电池系统，并配备柴发系统作为备用电源，构建一套集光伏、储能和柴发于一体的先进微电网综合能源系统。

9 能源热点篇

CHAPTER NINE

9.1 能源立法 护航能源高质量发展

2024 年 11 月 8 日，《中华人民共和国能源法》经十四届全国人大常委会第十二次会议审议通过，正式出台。其有效填补了能源行业缺乏基础性、统领性法律的立法空白，集中规定我国能源发展的大政方针、根本原则和重要制度，以能源法为统领搭建起能源法律体系的四梁八柱，对保障能源安全、加快能源绿色转型和加快规划建设新型能源体系具有重大意义。

1. 能源立法背景

我国是世界上最大的能源生产国和消费国，但长期以来缺少一部全面体现国家能源战略和政策导向、明确各类能源功能定位和互补替代关系、规范能源活动相关方基本权利义务、促进能源单行法律法规衔接协调的基本法。

2. 能源立法历程

1978—2000 年
我国能源消费逐步由自给自足向部分依靠进口转变，叠加全球性石油危机等外部因素，出台了电力法、煤炭法、节约能源法。

2005 年
我国已成为世界上最大煤炭消费国，气候、环境问题凸显。为促进能源转型、应对气候变化，出台了可再生能源法。

2006 年
国家能源办等十五家单位组织成立了能源法起草小组，并于次年公布能源法征求意见稿。

2010 年
油气资源的对外依存度快速攀升，为保障油气安全，出台了国石油天然气管道保护法。

2015 年
能源法立法工作重启，被列入国务院立法工作计划二类立法项目。

2017 年
核电处于快速发展期，为保障核安全，预防与应对核事故，出台了核安全法。

2020 年
能源法征求意见稿再次公开征求意见。

2021 年
能源法被列入 2022 年年度立法工作计划。

2024 年
9 月，十四届全国人大常委会第九次、十一次会议两次审议能源法草案，并公开征求意见。11 月，正式出台。

3. 重点内容

能源法全文共九章八十条，依次为总则、能源规划、能源开发利用、能源市场体系、能源储备和应急、能源科技创新、监督管理、法律责任及附则。

◆ 总则

该章共 14 条，是能源法整体性、总括性规定，明确了立法的目的、能源的定义，规定了能源工作的总体方略、应当坚持的原则，以及能源管理体制等方面，为整部法律奠定了基础。

> 首次在国家法律层面将氢能纳入能源管理体系，表明氢能将作为能源属性，享有规划、开发、利用、应急和储备的权责。将有望突破氢气危化品管理限制，推动绿氢生产项目全面走出化工园区，降低氢能使用成本，加速氢能应用落地实施。

◆ 能源规划

该章共 6 条，构建了定位准确、边界清晰、功能互补、统一衔接的能源规划体系，规定了能源规划从编制、审批发布到评估和调整全周期管理的工作机制。

◆ 能源开发利用

该章共 19 条，明确了能源结构调整的方向、能源开发利用政策，对促进能源清洁高效和集约节约利用、保障基本能源供应服务、加强能源基础设施建设和保护、促进农村能源发展作出了相关规定。

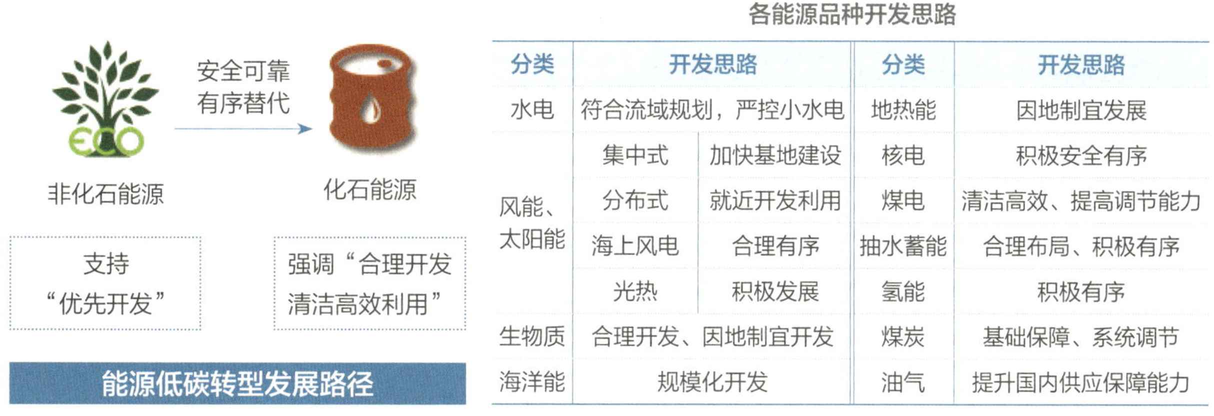

各能源品种开发思路

分类	开发思路		分类	开发思路
水电	符合流域规划，严控小水电		地热能	因地制宜发展
风能、太阳能	集中式	加快基地建设	核电	积极安全有序
	分布式	就近开发利用	煤电	清洁高效、提高调节能力
	海上风电	合理有序	抽水蓄能	合理布局、积极有序
	光热	积极发展	氢能	积极有序
生物质	合理开发、因地制宜开发		煤炭	基础保障、系统调节
海洋能	规模化开发		油气	提升国内供应保障能力

◆ 能源市场体系

该章共 7 条，明确了建立统一的能源市场基础制度、能源价格的形成机制和调控机制，对能源领域自然垄断业务、竞争性业务，政府、能源输送管网设施企业的相关职责，以及能源领域国际投资和贸易作出了相关规定。

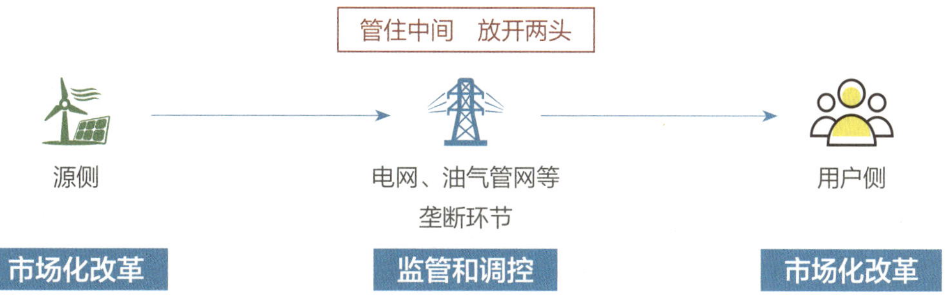

能源储备和应急

该章共 9 条，明确了能源储备制度、应急管理制度，对能源储备的种类、规模、方式，以及能源预测预警、应急预案、应急演练、应急响应和处置作出了相关规定。

能源科技创新

该章共 7 条，明确了能源科技创新体系及相关机制，对能源领域科技创新的重点支持方向，以及政策、平台、人才、金融等创新要素供给等方面作出了相关规定。

监督管理

该章共 6 条，明确了监管体系，对监管职责、重点和方式作出规定，对能源主管部门等有关部门的监督检查责任和可以采取的监督检查措施、建立监管信息系统、能源行业信用体系建设、相关争议解决机制等作出了明确规定。

法律责任

该章共 6 条，对各类能源行业主体违反能源法的行为规定了相应的法律责任，提升了能源法的威慑力，保障了能源法的有效实施。

各主体违法行为

主体	违法行为
能源主管部门及有关部门的工作人员	滥用职权、玩忽职守、徇私舞弊
能源供应企业	• 没有法定或者约定事由拒绝或者中断对营业区域内能源用户的能源供应服务 • 擅自提高价格、违法收取费用、减少供应数量、限制购买数量 • 未公示服务规范、收费标准和投诉渠道等，或者未为能源用户提供公共查询服务
能源输送管网设施运营企业	• 未向符合条件的企业等经营主体公平、无歧视开放并提供能源输送服务 • 未按照规定公开能源输送管网设施接入和输送能力及运行情况信息
能源企业、能源用户及其他有关单位或个人	• 在能源应急状态时不服从有关人民政府的统一指挥和安排 • 未按照规定承担能源应急义务或者不配合采取应急处置措施 • 能源企业未按照规定提供价格成本等相关数据 • 有关单位未按照规定向能源主管部门或者其他有关部门报送相关信息

附则

该章共 6 条，对能源法的用语进行了注释说明，对军队能源开发利用、核能开发利用、能源法的国际法律适用，并对施行时间作出了规定。

湖南省《中华人民共和国能源法》学习报告会

2025 年 1 月 8 日，由湖南省发展和改革委员会、省能源局主办，湖南省能源协会承办的《中华人民共和国能源法》学习报告会在长沙召开，在全国率先实现从省级层面组织开展集中学习能源法，会议通过权威专家解读和集中学习交流，帮助相关人员深化对能源法的学习理解和运用。

学习会以“学习贯彻能源法 助力湖南能源高质量发展”为主题，采用专家解读、协会导读、与会代表集中学习交流的报告会议形式，聚焦能源法的精神实质和核心要义及“怎么学好能源法”“怎么用好能源法”等热点问题，帮助参会者全面、深入理解能源法核心要点，促进能源企业、法律从业者及相关研究人员之间的交流与合作，探讨能源法实施中的机遇与挑战，为能源行业高质量发展提供思路与方向。

学习会中发布了由湖南省能源局、能源协会联合编制的《中华人民共和国能源法》原文导读手册。该手册具有以下四个特点：

中华人民共和国能源法
（2024 年 11 月 8 日第十四届全国人民代表大会常务委员会第十二次会议通过）

原文导读手册

编写单位 湖南省能源局
湖南省能源协会

2025 年 1 月

目 录

第一章 总则……1
第二章 能源规划……8
第三章 能源开发利用……14
第四章 能源市场体系……34
第五章 能源储备和应急……42
第六章 能源科技创新……49
监督管理……55
法律责任……60
则……64

- 对照原文逐章逐条导读学习，加深理解与应用；
- 符合立法原意，充分吸收国家能源局、国内知名专家、学者的权威解读意见；
- 结合湖南能源实际情况，作出了深度剖析，便于指导工作；
- 内容完整全面、系统性强，适用于能源及相关行业人士查阅使用。

中国法学会能源法研究会副会长、华北电力大学教授周凤翱作《能源法立法解读》专题报告。同时在湘能源企业代表也围绕“怎么学好能源法”“怎么用好能源法”等进行深入解读和学习分享，共同探讨实施能源法对能源高质量发展的机遇和挑战。

9.2 蓝图发布 统一电力市场加速建设

2024 年 11 月，在国家能源局统筹组织下，中国电力企业联合会联合多家单位共同研究编制的《全国统一电力市场发展规划蓝皮书》(简称《蓝皮书》)正式发布。《蓝皮书》聚焦电力市场关键问题，研究提出适合我国国情和市场建设客观要求的统一电力市场发展规划思路、建设目标，标志着全国统一电力市场建设进入加速推进的新阶段。

1. 全国电力市场情况

我国已初步形成“管住中间、放开两头”的体制架构，基本建成“统一市场、协同运作”的电力市场总体框架。

空间范围 省间、区域和省内市场

交易品种 电能量、辅助服务等

时间周期 多年、年度、月度、月内（旬、周、多日）和日前、日内现货交易等

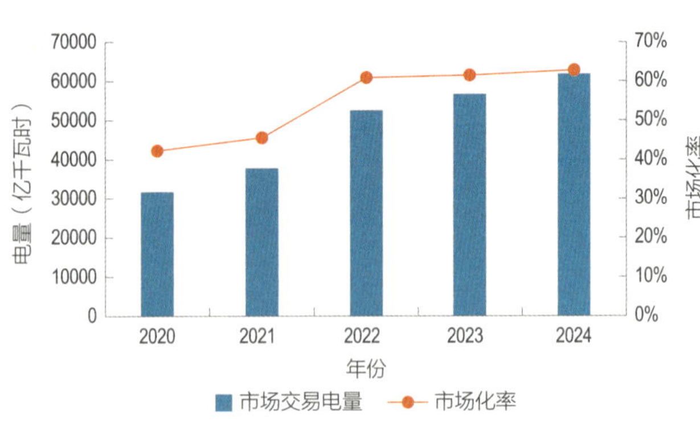

2020—2024 年全国电力市场交易规模

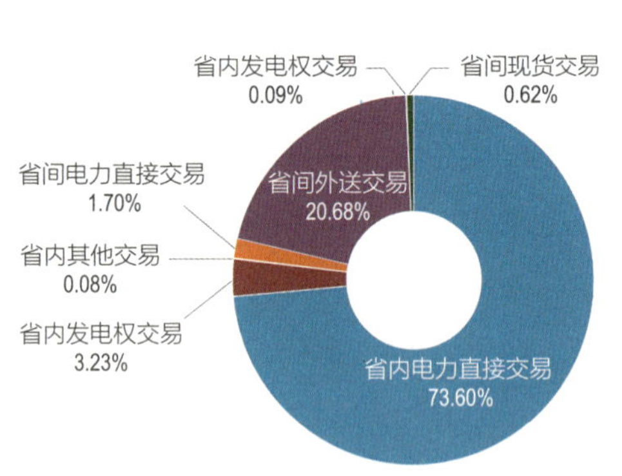

2024 年全国电力市场交易电量结构

2. 湖南电力市场情况

市场主体

截至 2024 年底，累计注册市场主体 37487 家（不含非直购发电企业），其中直购发电企业 369 家、批发交易用户 0 家、零售用户 36770 家、售电公司(省内)209 家、售电公司(外省推送)108 家、独立储能企业 30 家、虚拟电厂 1 家。

交易类型

- 常态化开展中长期交易连续运营，建立中长期 D-4 日至 D-2 日连续交易机制。
- 电力现货市场开展整月结算试运行。
- 调频辅助服务开展整周结算试运行。

交易情况

中长期市场化交易电量	绿电交易电量	绿证交易
1252.2 亿千瓦时	42.03 亿千瓦时	173.24 万张

3. 发展路线图

2024—2025 年	2026—2029 年	2030—2035 年
初步建成期	全面建成期	完善提升期
初步建成全国统一电力市场，电力市场顶层设计基本完善，实现全国基础性交易规则和技术标准基本规范统一。	全面建成全国统一电力市场，推动市场基础制度规则统一、市场监管公平统一、市场设施高标准联通。	完善全国统一电力市场，支撑高水平社会主义市场经济体制的全面建成，激发全社会内生动力和创新活力。

4. 建设重点

省级市场模式 “中长期 + 现货 + 辅助服务 + 容量”的标准化电力市场架构

- 中长期市场。推动中长期交易向更长周期（多年）、更短周期（D-2）双向延伸，实现按工作日连续开市。
- 电力现货市场。推动现货市场按程序转入正式运行，在 2029 年前全国绝大多数省份电力现货市场正式运行。
- 辅助服务市场。优化完善辅助服务交易品种（调峰、调频、备用电等），健全辅助服务价格形成机制。
- 容量市场。深化完善容量电价机制，结合各地区能源转型进度动态调整容量电价水平、适用范围和考核机制。逐步由容量电价机制向多类型主体参与的容量市场机制过渡。在 2029 年前开展电力容量市场探索。

新能源 构建适应绿色低碳转型的市场机制

- 推动清洁能源有序参与市场。建立健全可再生能源消纳政策机制、优化完善适应新能源特性的市场机制、推动清洁能源逐步转为市场化消纳。
- 大型风电和光伏基地。健全完善多时间尺度的大型风电和光伏基地电力交易机制、探索建立大型风电和光伏基地多类型主体联合参与的市场机制。
- 绿电绿证。持续扩大绿电交易规模、完善绿证核发和交易机制。

调节资源 构建安全充裕、灵活互动的市场机制

- 调节电源。有效激励常规机组、新型储能、抽水蓄能等灵活调节电源发挥作用。
- 用户侧资源。构建用户侧资源互动响应机制，提升需求响应规模和能力，推动用户侧资源通过市场发挥调节作用。

9.3 支撑有力 充电基础设施拒绝补能焦虑

当前，我国新能源汽车产业已经进入全面市场拓展期，新能源汽车推广应用的主要矛盾也从“里程焦虑”向“补能焦虑”转移，充电基础设施网络的服务能力已成为新能源汽车产业发展和交通运输绿色低碳转型的重要支撑。

1. 发展现状

2024 年，新能源汽车与充电基础设施呈现协同发展的态势，形成了“以车促桩、以桩助车”的良性循环。

全国			
新能源汽车	➢ 保有量 3140 万辆 同比增长 53.8%	➢ 新注册 1125 万辆 渗透率 41.8%	➢ 电动化率 8.9% 提升 2.8 个百分点
充电基础设施	➢ 保有量 1281.8 万台 同比增长 49.1%	➢ 公共充电桩 357.9 万台 同比增长 31.2%	➢ 车桩比 2.44：1 增量比为 2.7：1

全省			
新能源汽车	➢ 保有量 88.4 万辆 同比增长 57%	➢ 新注册 32 万辆 渗透率 39.1%	➢ 电动化率 7.4% 提升 2.5 个百分点
充电基础设施	➢ 保有量 42.15 万台 同比增长 78.5%	➢ 公共充电桩 6.06 万台 同比增长 34.4%	➢ 车桩比 2.1：1 增量比为 1.98：1

2. 发展现存问题

湖南省已形成规模适度、覆盖广泛、高效便捷的充电基础设施体系，但从行业发展现状来看，着眼未来电动汽车快速增长的趋势，省内依然存在以下几方面问题短板。

规划布局

- 整体结构不优。湖南省电动汽车大部分集中在大中城市及县城，充电资源向省会城市、重点城市、高速公路扎堆布局。
- 市州发展不均衡。长沙市作为省会，其新能源车辆保有量占全省比重将近 50%，充电基础设施保有量占全省比重达 40%，占比均接近一半水平。

开发建设

- 市场主体参与建设积极性不高。受限于目前湖南省新能源汽车保有量偏低，充电市场整体盈利水平较低。
- 充电基础设施建设与运营维护脱节。部分充电站建设有充足的资金和技术支持，而缺失对运营维护管理的投入和重视，导致充电设备故障频发，充电效率降低。
- 部分场景配电网扩容困难。受城市用电量大、负荷密度高、电力设施廊道紧张等影响，城市内部充电设施场站存在配电网扩容难题。

实施运营

- 充电基础设施利用率不均衡。湖南省现有城郊、农村等快充桩平均利用率过低，低于全省平均特别是中心城区场站水平，投资回收期 10 年以上，基本处于全行业亏损状态。
- “充电一张网”推进缓慢。不同充电场站经营主体使用不同的充电平台，车主在充电过程中需要下载不同的充电 App，充电流程较为烦琐，影响车主充电体验。

规范管理

- 跨部门协调合力需加强。对于各场景类型，充电基础设施的安全生产责任划分仍然存在权责不明晰、管理不到位现象，难以做到有效根治。
- 市场竞争激烈，价格战乱象严重。充换电市场主体多元，运营商众多，活力充沛，但整体上市场秩序欠佳，行业仍然处于粗放式管理状态，存在低价竞争、恶意竞争现象。
- 安全生产管理难度较大。充电场站车辆流动量大，对于安全隐患排查整治和精细管理要求更高。

3. 未来发展思路

优化完善网络布局

- 加快构建结构完善的城市充电网络
- 加快构建便捷高效的城际充电网络
- 加快构建有效覆盖的农村地区充电网络

提升运营服务水平

积极推进公共充电服务能力建设，完善场站配套设施和配电网络，做好节假日充电服务保障，提升管理平台“充电一张网”服务功能，引导运营商等级和场站星级向更高水平迈进。

加强科技创新应用

探索推进充电设施改革创新，完善充电价格政策、奖补政策和服务费标准，推动充电设施大规模设备更新和以旧换新，扩大车网互动响应规模，实现大功率超充、车桩路云协同、光储充换一体化、油气氢电服融合发展等新技术、新模式健康发展。

加快融入新型配电网

优化完善充电基础设施数据采—传—存—用全环节技术架构，促进各类充电基础设施可观、可测、可调、可控、可交易，支撑本地有序充电、聚合互动调节、源网荷储充协同发展。

9.4 电力赋能 助力绿色智能计算发展

DeepSeek 的发布引爆我国绿色智能计算产业市场，算力作为绿色智能计算产业发展的基石，迎来重要发展机遇期。“算力尽头是电力”，要发展绿色智能计算产业，需要坚强的电力支撑。

1. 发展现状

◆ 算力规模

截至 2024 年 11 月底，全省规上数据中心 78 个，设计标准机架 18.2 万架，总算力超 7EFlops。其中，智能算力 2EFlops，占比 28.6%（全国占比约 31.4%）；超算 0.2EFlops，占比 2.8%；通用算力 4.8EFlops，占比 68.6%。

发展格局

两核（长株潭、郴州）多点

算力规模

全国第 12、中部第 2 位

◆ 供用电情况

算力运转建立在稳定供电基础上，同时其电力成本占算力运营总成本的 60%~70%。近年来，湖南用电价格稳中有降，但与周边省份相比仍不具备竞争优势。

供电电压
大部分 10 千伏
小部分 110 千伏

总用电情况[1]
21 亿千瓦时
28 万千瓦

用电价格
0.828 元 / 千瓦时

部分省份算力企业用电价格

省份	湖南	湖北	江西	广西	贵州	安徽	河南	广东
电价（元 / 千瓦时）	0.828	0.742	0.698	0.762	0.678	0.698	0.698	0.835

2. 电力供应保障

◆ 用电需求预测

根据《湖南省绿色智能计算产业高质量发展规划（2025—2030 年）》，到 2030 年，预计全省智能算力规模达 12EFlops。

用电量预计

36 亿千瓦时

电力负荷预计

50 万千瓦

[1] 总用电情况为测算值。

电力供应

截至 2024 年底，湖南电力稳定供应能力超 4650 万千瓦，电力供应安全稳定。“十五五”期间，拟争取国家再支持湖南新建 600 万千瓦煤电和引入一回区外来电，可为智能算力产业提供稳定电力支撑。

2030 年电力稳定供应能力

7600 万千瓦以上

3. 降电价措施

当前，工商业电价由上网电价、上网环节线损费用、输配电价、系统运行费用、政府性基金及附加五部分构成。根据现行电价政策，可在上网电价、电压等级、分时电价三个维度通过有关渠道降低电价。

通过建设分布式电源降低电价

当前新能源发电成本迅速下降，新能源项目建设的度电成本较购电成本低。可通过建设分布式光伏、分散式风电等电源为算力中心供电，采用“自发自用、余电上网”模式，降低用电成本。

通过建设用户侧储能设施降低电价

湖南不同时段电价水平存在较大差异。通过配置用户侧储能设施，采取“低谷时段充电，高峰时段放电”方式，以低谷电量满足算力企业高峰时段用电需求，降低用电成本。

高峰电价

约 **1.2** 元 / 千瓦时

低谷电价

约 **0.35** 元 / 千瓦时

通过优化专变供电电压等级降低电价

高电压等价输配电价低于电压等级输配电价，当算力的负荷和用电量达到一定规模后，可通过提升供电电压等级的方式降低用电成本。

湖南电网输配电价表（两部制）

电压等级	10 千伏	110 千伏	220 千伏
电量电价（元 / 千瓦时）	0.1694	0.1104	0.0852
容量电价（元 / 千瓦 · 月）	33.8	30.6	30.6

通过电力市场化交易降低电价

工商业用户电价由电力市场化交易形成，企业可委托持有火电、新能源发电资源的售电公司参与电力市场交易，通过电力市场化交易购买低价电力，降低用电成本。

9.5 双重驱动 虚拟电厂驶入发展快车道

2024 年，国家能源局印发《关于支持电力领域新型经营主体创新发展的指导意见》，提出支持新型经营主体创新发展，并鼓励其平等参与电力市场。在政策推动与市场需求的双重驱动下，虚拟电厂呈现快速发展态势。

1. 发展定义及现状

◆ 定义

新型经营主体是具备电力、电量调节能力且具有新技术特征、新运营模式的配电环节各类资源，分为单一技术类和资源聚合类新型经营主体。

单一技术类新型经营主体	分布式光伏、分散式风电、储能等分布式电源和可调节负荷
资源聚合类新型经营主体	虚拟电厂（负荷聚合商）和智能微电网

虚拟电厂是运用数字化、智能化等先进技术，聚合分布式电源和可调节负荷等，协同参与系统运行和市场交易的电力运行组织模式。

◆ 发展现状

我国虚拟电厂业务发展态势迅猛，运营商数量大幅增长。截至 2024 年底，在运虚拟电厂调节能力达到千万千瓦级，全国累计 105 家虚拟电厂注册入市，并有 18 个省份发布相关政策明确虚拟电厂参与电力市场方式。

2024 年新投产

虚拟电厂管理中心

4 家

其中，湖南 1 家
湘江新区虚拟电厂管理中心

虚拟电厂项目

12 个

其中，湖南 2 个
湘江新区、星沙虚拟电厂

2. 发展阶段

从全球虚拟电厂的发展历程来看，全球虚拟电厂的发展阶段包括邀约型、市场型和跨空间自主调度型三个发展阶段。目前，全国虚拟电厂行业处于邀约型向市场型过渡的初级阶段。

邀约型阶段

在没有电力市场的情况下由政府部门或调度机构牵头组织各个聚合商参与，共同完成邀约、响应和激励流程。

市场型阶段

虚拟电厂聚合商以类似于实体电厂的模式，参与电力市场获得收益，同时也会存在邀约型模式，其邀约发出的主体是系统运行机构。

跨空间自主调度阶段

随着虚拟电厂聚合的资源种类越来越多、空间越来越广，可称之为“虚拟电力系统”，由电力系统各类资源整合而成的微电网、局域能源互联网。

3. 管理要求

2025 年 3 月，湖南省电力交易中心印发《湖南省虚拟电厂管理工作细则（试行）》，为省内虚拟电厂的建设、运营、管理提供了指导。

项目分类

- “负荷型”虚拟电厂是指聚合对象仅包含用电属性经营主体的虚拟电厂。
- “混合型”虚拟电厂是指聚合对象既包含用电属性经营主体，也包含发电属性经营主体（包含新型储能），根据虚拟电厂聚合对象的发用电属性，分为用电单元和发电单元。

能力指标

- 包括调节容量、响应时间、调节速率和调节精度等，现阶段单个项目负荷调节容量应满足不小于 10 兆瓦、连续响应时间不低于 1 小时条件，调节容量应不小于正常用电负荷的 10%。
- “混合型”虚拟电厂包含的发电属性经营主体，应具备“可观、可测、可调、可控”能力。

运行管理

- 虚拟电厂可参与中长期、现货、辅助服务等电力市场。参与需求响应、实时可中断负荷调用、车网互动等调节机制，同一时段内不能以同一调节行为获取重复收益。

4. 未来发展方向

统一技术标准与规范体系

不同设备在接口和通信协议上存在差异，性能指标也缺乏统一标准，对虚拟电厂的建设运行产生重大影响。应制定统一的技术标准和规范体系，同时，建立科学合理的虚拟电厂性能评估指标体系，推动虚拟电厂技术规范化、标准化，降低虚拟电厂的建设成本、提高系统可靠性。

创新市场机制与商业模式

客观衡量虚拟电厂提供的灵活性服务价值及对电力系统的实际贡献，促进虚拟电厂等新型经营主体平等参与市场竞争，同时，鼓励虚拟电厂依托市场加强与能源服务公司、售电公司等的深度合作，探索多元化盈利途径。

保护数据安全与用户隐私

虚拟电厂运行涉及大量用户侧数据的采集、传输、存储和使用，应建立健全虚拟电厂数据管理体系，明确数据所有权和使用权，严格规范数据的存储、使用和共享流程，在保障数据安全的前提下促进数据的合理共享和流通，挖掘数据潜在价值。

湖南省能源发展报告 2025
Annual Report on Hunan's Energy Development 2025

10 能源展望篇

CHAPTER TEN

10.1 系统谋划“十五五”规划绘蓝图

2024 年，根据国家和省委省政府要求，湖南省提出了建立“1+5+*N*”能源规划研究体系，并开展了 21 项专题研究，为编制“十五五”规划奠定了良好基础。2025 年 3 月 5 日，省能源局在长沙组织召开规划编制工作启动会，正式开启“十五五”能源规划编制工作序幕。

1. 重点领域发展思路

“1+5+*N*”能源规划研究明确了湖南省能源、电力、煤炭、油气、可再生能源、产业等重点领域的发展思路，为编制“十五五”规划奠定了良好基础。

湖南省中长期能源发展战略研究

总体发展思路：统筹“双碳”战略和安全保供，大力提升非化石能源消费占比，加大外电引入力度，加快煤电高质量发展，持续扩大天然气消费，着力降低能源采购运输成本，因地制宜发展新能源，夯实能源储备，强化节能增效，持续推动技术革命和融合发展，加快构建区域能源枢纽和中部能源创新产业带，高水平建设以新型电力系统为核心支撑的新型能源体系，为实现“三高四新”美好蓝图、全面建设中国式现代化湖南篇章提供坚强能源支撑。

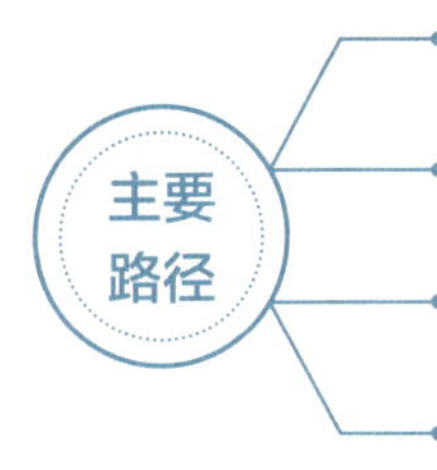

- 实施“加强省内、从北引入、向南联络、打造枢纽”的能源供给完善战略，打造区域能源枢纽
- 实施“控煤、减油、提气、扩绿”的能源消费提质战略，加快清洁能源替代
- 实施能源统一市场化战略，进一步还原能源商品属性，完善价格形成机制，有效疏导价格矛盾
- 实施能源产业区域集聚战略，提高产业协同创新发展优势，全面提升新质生产力

湖南能源发展阶段

能源碳达峰期

从当前至 2030 年前后，湖南新型能源体系加快构建，能源消费总量增长至约 2.08 亿吨标准煤，能源碳排放总量逐步达峰，非化石能源消费占比超过 30%，用能价格基本维持平稳，以新能源为代表的战略性新兴产业成为新的增长引擎。

能源加速减排期

2030 年碳达峰至 2050 年前后，随着经济总量迈入中等发达国家行列，湖南能源消费总量于 2045 年左右达到 2.3 亿～2.5 亿吨标准煤峰值后进入下降阶段，非化石能源消费占比超过 50%，能源碳排放强度持续降低，基本建成清洁低碳、安全高效新型能源体系。

能源碳中和期

2050 年开始至 2060 年前后，能源消费总量逐步下降至约 2 亿吨标准煤并保持平稳，能源利用效率持续提高，非化石能源消费占比提升至 70% 左右，新型能源体系全面建成，碳中和目标顺利实现。

电力发展规划前期研究

总体发展思路：围绕“一枢纽五领先”建设发力，将湖南打造成为承西启东、连南接北的区域电力交换枢纽，实现清洁电力高质量发展水平领先、内陆匮能型省份电力安全保障能力领先、电力资源分类分级聚合互动创新领先、抽水蓄能和新型储能应用领先、新型电力系统深化创新改革领先的湖南特色新型电力系统，为擘画“三高四新”美好蓝图、全面建设中国式现代化湖南篇章提供坚强可靠的电力支撑。

煤炭产供销储运体系建设研究

总体发展思路：全面形成供给保障有力、低碳转型有效、产能先进高效的煤炭供应格局，进一步提升防灾治灾科技水平，大力推动机械化智能化发展，产供储销体系高效运行，安全生产形势持续好转，绿色开发和清洁高效利用水平显著提升，加快建成现代化煤炭产业体系。

油气发展规划前期研究

总体发展思路：石油发展按照“稳供”，天然气发展按照“拓需、优价、扩能、增储、改革”的思路，着力提升安全保障能力，着力构建 X+1+X 的油气市场格局，着力打造“东西贯通、南北互济”的天然气区域枢纽，有力推动油气在新型能源体系建设中发挥基础性、过渡性和调节性能源作用，为建设现代化新湖南提供坚强油气保障。

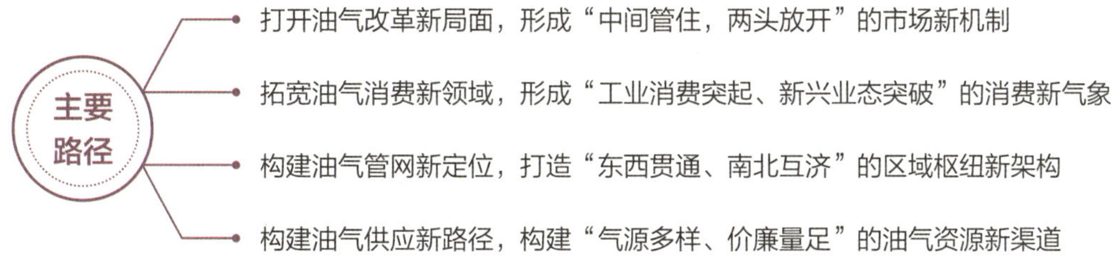

可再生能源发展规划前期研究

总体发展思路：按照“供需统筹、适度超前、协同融合、多元替代”的总体思路，进一步推进可再生能源高比例、市场化、高质量发展，全面提升可再生能源安全可靠供应能力，大力实施可再生能源替代，聚力提升可再生能源产业核心竞争力，加快推动能源绿色低碳转型，助力实现碳达峰碳中和目标。

四大行动

- 新能源高质量发展行动
- 可再生能源高比例替代行动
- 可再生能源消纳能力提升行动
- 体制机制创新改革行动

能源产业规划前期研究

总体发展思路：充分发挥湖南省在装备和材料上的优势，始终围绕将能源产业打造成为全省经济高质量发展“新引擎”这一目标，着力构建全省能源产业发展的“四梁八柱”。加快培育形成“1+2+2”能源产业集群，集中力量攻克风机抗冰等一批“卡脖子”技术，不断做大国内、国际两类市场，力争将全省打造成为全国一流的能源科技创新策源地和产业发展高地，为建设国家重要先进制造业高地提供支撑。

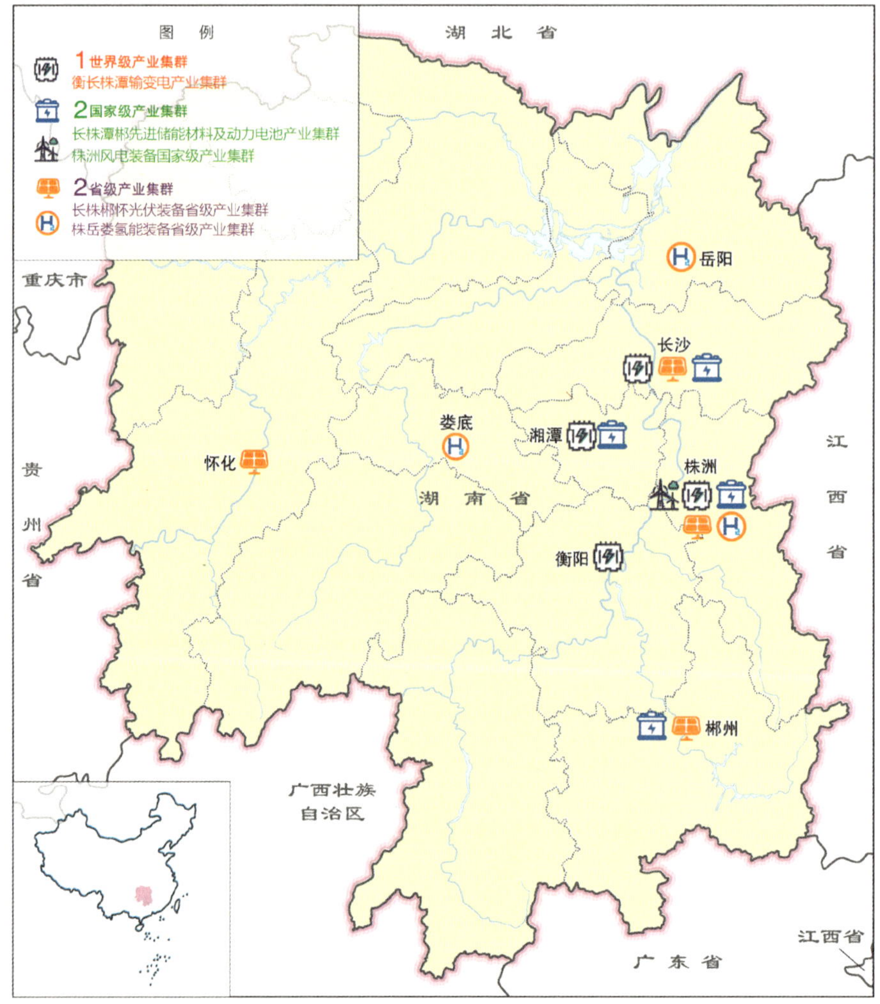

湖南省重点能源产业集群情况

2. 规划总体要求

目前湖南省能源供需已由阶段性紧张转为相对紧平衡，基本解决“够不够”的问题。但“十五五”期间湖南省能源刚性需求增长空间仍较大，加之“双碳”目标实现对绿色低碳要求越来越高，今后仍需关注“够不够”，工作重点是解决“贵不贵”和“绿不绿”。

科学论证规划指标，深入谋划重大战略任务、重大改革举措、重大工程项目，系统谋划“十五五”新型能源体系建设思路和阶段性目标任务。

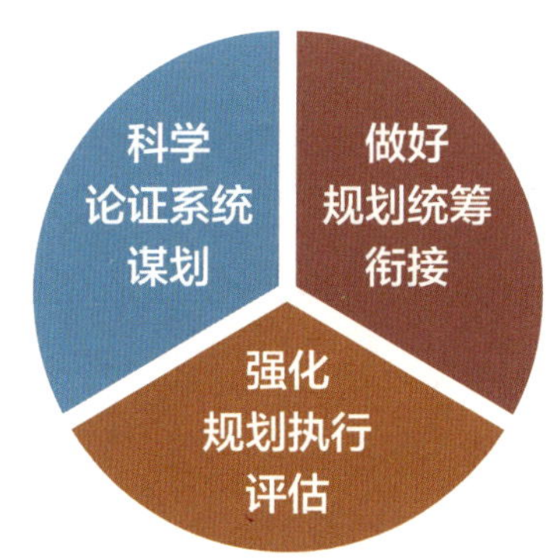

做好省级综合能源规划与国家综合能源规划、省国民经济社会发展规划、省国土空间规划等规划的统筹衔接；坚持“全省一盘棋”，确保市州规划和省级规划协调一致。

研究制定规划年度执行评估体制机制，按年评估规划执行情况。

3. 规划大纲

基于“1+5+*N*”能源规划研究成果，并结合规划编制的总体要求，“十五五”期间湖南将围绕生产、供给、消费、治理、创新、保障、合作等方面，加快建设新型能源体系。

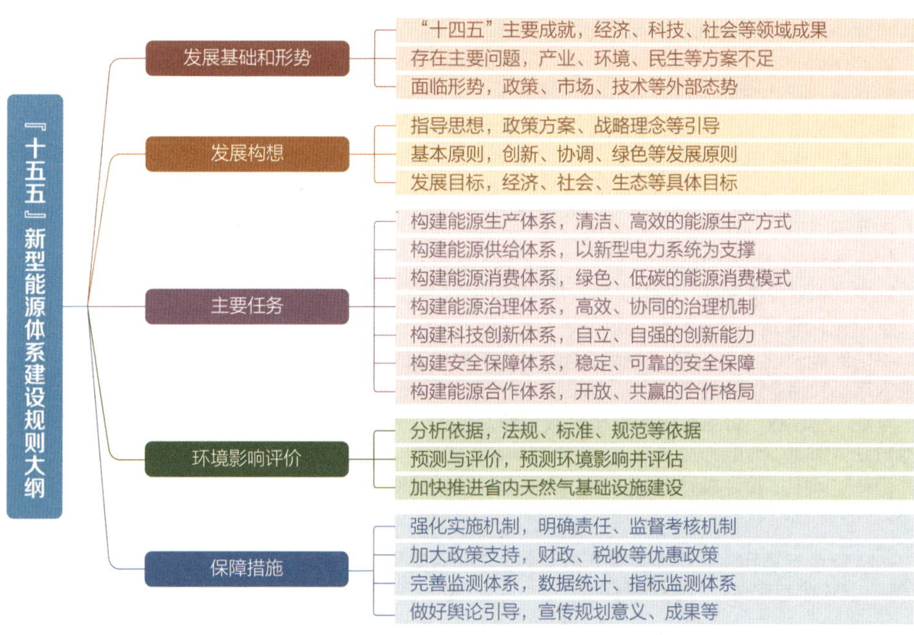

10.2 破局立新　新能源电价市场化启航

2025 年 2 月 9 日，国家发展改革委、国家能源局发布《深化新能源上网电价市场化改革 促进新能源高质量发展的通知》，推动新能源上网电价全面由市场形成，标志着我国新能源上网电价市场化改革迈出了关键一步。

1. 全国新能源入市情况

2024 年，国家电网经营区域新能源市场化交易电量 7699 亿千瓦时，同比增长 36.6%，占新能源发电量的 51.8%。

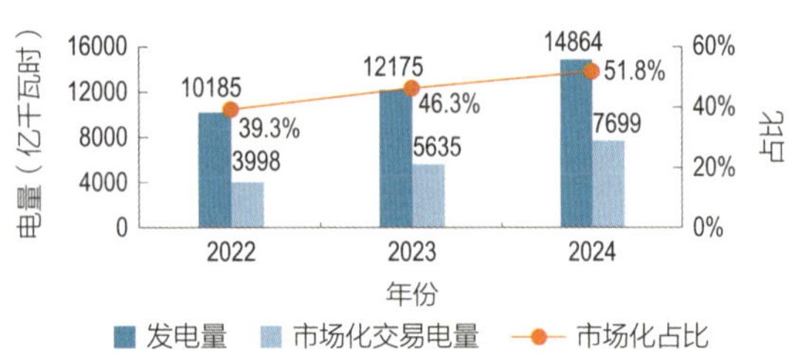

2022—2024 年国家电网经营区域新能源市场化交易

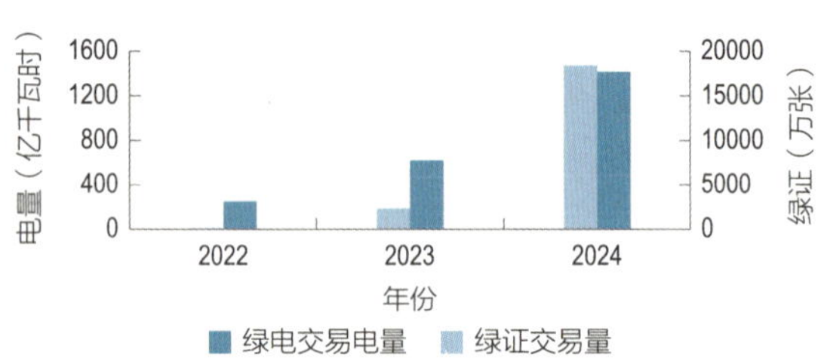

2022—2024 年国家电网经营区域绿电绿证交易

部分省份新能源入市政策

省份	集中式新能源	分布式新能源
广东	220 千伏及以上，30% 开展中长期交易，110 千伏及以上，10% 直接现货交易。2025 年新增并网项目，110 千伏及以上，50% 入市交易	暂不强制入市
浙江	90% 电量政府授权合约电价 +10% 现货交易	自愿参与
江苏	优先发电小时数外电量全部入市，2025 年风电 800 小时、光伏 400 小时	优先参与绿电交易
湖北	110 千伏及以上，直接参与中长期及现货交易。110 千伏及以下，可直接参与市场交易或作为价格接受者。风电、光伏发电各月中长期小时数分别不超过 35 小时、60 小时	暂不参与
江西	参与市场化交易的电站，60% 电量 (煤新联营项目按 70%) 保障性收购；剩余 40%(煤新联营项目 30%) 电量签订政府授权合约	—
广西	集中式新能源全部参与市场化交易，2025 年政府授权合约电价 0.36 元 / 千瓦时，绿电为 0.375 元 / 千瓦时	—
辽宁	集中式风电、光伏发电全部入市，带有新能源补贴的风电机组保价 1850 小时，剩余部分参与“煤改电”交易	暂不参与
新疆	优先发电小时数外电量全部入市，2025 年风电 895 小时、光伏 500 小时	全额保障收购
宁夏	优先发电小时数外电量全部入市，2025 年风电 234 小时、光伏 156 小时	暂不参与
陕西	优先发电小时数外电量全部入市，2025 年风电 520 小时、光伏 350 小时	自愿参与
冀北电网	集中式新能源优先参与绿电交易，带补贴项目承诺放弃补贴	20% 电量入市
河北南网	集中式风电 30% 电量入市，集中式光伏 60% 电量入市	20% 电量入市
黑龙江	平价新能源项目：风电、光伏发电保障小时数分别为 700、450 小时。其余风电全部进入市场交易	—
蒙西电网	常规、特许权、低价风电保障小时数分别为 390、2000、2000 小时；常规、领跑者、低价光伏保障小时数分别为 320、1500、1500 小时	暂不参与
蒙东大电网	带补贴风电、特许权风电保障小时数分别为 790、1900 小时；带补贴光伏保障小时数 635 小时	暂不参与
山东	2024 年前老项目：90% 保量报价、10% 参与现货交易；新项目：风电、光伏分别按 30%、15% 参与交易，其余保量保价	老项目 100% 保量保价。新项目与集中式相同

2. 湖南新能源入市情况

入市政策

- 2021 年 12 月，湖南省发展和改革委员会印发《2022 年湖南省电力市场中长期交易方案》，提出推动全省集中式新能源电站全部电量进入电力中长期市场。
- 2024 年 12 月，湖南电力交易中心发布《湖南工商业分布式光伏参与市场交易实施细则（试行）》，提出推进工商业分布式光伏自愿参与电力市场交易。其中，10 千伏及以上工商业分布式光伏原则上以独立主体方式参与湖南电力市场交易，纳入湖南电力市场交易规则体系统一运营管理；10 千伏以下工商业分布式光伏以虚拟电厂聚合方式参与湖南电力市场交易。

交易情况

- 湖南省新能源参与市场化交易主要以中长期市场为主，在相关政策的有力推动下，全省新能源基本实现全部进入电力市场交易，入市进程走在全国前列。

2022—2024 年湖南省新能源参与市场交易情况

省份	电价（元 / 兆瓦时）			电量（亿千瓦时）		
	2022	2023	2024	2022	2023	2024
中长期交易	444.3	449.7	448.3	171.6	217.4	245.6
其中：绿电交易		539.2	472.7		9.12	42.0

3. 实施重点及展望

项目管理 新老划断，分类管理

存量项目

- 2025 年 5 月 31 日（含）前投产的
- 将保障电量转变为机制电量，不用参与竟配自动延续。机制电价，按现行价格政策执行，不高于当地煤电基准价。

增量项目

- 2025 年 6 月 1 日起投产的
- 机制电量：每年新增纳入机制的电量规模，由各地根据国家下达的年度非水电可再生能源电力消纳责任权重完成情况，以及用户承受能力等因素确定。通知实施后第一年新增纳入机制的电量占当地增量项目新能源上网电量的比例，要与现有新能源价格非市场化比例适当衔接、避免过度波动。
- 机制电价：由各地每年组织已投产和未来 12 个月内投产，且未纳入过机制执行范围的项目自愿参与竞价形成，初期对成本差异大的可按技术类型分类组织。竞价时按报价从低到高确定入选项目，机制电价原则上按入选项目最高报价确定，但不得高于竞价上限。竞价上限由省级价格主管部门考虑合理成本收益、绿色价值、电力市场供需形势、用户承受能力等因素确定，初期可考虑成本因素、避免无序竞争等设定竞价下限。

价格机制 创新建立新能源可持续发展价格结算机制的结算方式

单个新能源项目的最终结算收入 = 市场交易收入（对应全部发电量）+ 机制补偿收入（对应纳入机制的补偿电量）- 系统调节费用分摊（对应全部发电量）;

- 在市场外建立差价结算的机制，通过机制电价的方式，将新能源在现货市场的实时市场均价与机制电价相减，差额给予补贴。差价结算不影响新能源参与电力市场交易，需要全电量参与电力市场交易，然后再通过差价结算获得额外的补贴。差价费用由电网企业进行统一结算，纳入当地系统运行费用。
- 新电价机制下，项目收益不仅要看项目成交均价，更要关注项目与市场均价的关系。项目均价高于市场均价则结算电价高于机制电价。

项目开发逻辑 从“资源竞争”转向“资源竞争 + 能力竞争并重”

新能源开发运营的逻辑，正从原先优质风光资源“跑马圈地”、消纳条件争夺等资源竞争的模式向着既要抢占优势资源，也要注重发电预测精度、优化报价策略等市场交易核心能力并重的新模式演变。

投资决策 从“政策驱动”转向“市场驱动”

新形势下，新能源投资决策模型将从确定性、稳定性、长期性转变为随机性、波动性和短期性，需要及时建立相应的政策分析和市场仿真能力。

经营模式 从“被动发电上网”转向“主动落实发电空间”

新能源发电项目需提前锁定潜在客户市场，尤其重视电网代理购电需求，主动通过市场化方式落实发电空间（如签订中长期合约、参与现货竞价等方式），以保障项目稳定收益。

4. 发展展望及建议

存量项目

与现行电价政策衔接，预计机制电价水平与燃煤发电基准价（0.45 元 / 千瓦时）处于同一水平。

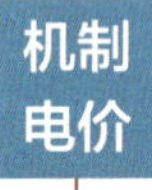

增量项目

实现政策的平滑过渡，电价延续现行水平，随着新能源建设成本的降低逐步下降，湖南新能源上网电价也将同步降低。

统筹研究电力市场交易方案，提升竞争能力

新能源全面入市后，收益波动性加剧，建议优化项目发电运营策略。一是提升高频交易能力；二是建立大数据分析平台；三是优化中长期合约组合；四是积极拓展绿色收益。

加大资源评估和电站本体设计优化投入

面对新能源上网电价市场化改革带来的技术创新和模式优化新机遇，需强化资源波动性和不确定性的评估能力。通过新设备、新技术的应用，提升智能化数字化水平，优化新能源电站本体设计。

积极落实电量消纳市场，降低市场交易风险

建议通过签订长期购电协议、优化现货市场交易策略等手段，确保电量的有效消纳。加强与电网规划、负荷需求的协同分析，积极寻求消纳条件较好区域内的项目开发机会。

10.3 顶层研究 新型能源体系路径明朗

规划建设新型能源体系对保障能源安全、促进能源绿色低碳转型和支撑经济社会高质量发展具有重要意义。为深入贯彻中共中央和省委、省政府决策部署，指导湖南省新型能源体系规划建设，在湖南省能源局的指导下，湖南省能源规划研究中心开展了湖南省“十五五”新型能源体系发展路径研究，2024 年 11 月，课题顺利通过专家评审。

1. 总体特征

湖南省新型能源体系

以新型电力系统为核心支撑，以能源结构新、系统形态新、产业体系新、发展机制新为总体特征，建设保障能力强、支撑作用强、辐射带动强的湖南省新型能源体系。

2. 总体框架

在湖南省新型能源体系总体框架下，各能源品种通过各自市场或多个能源市场耦合，实现经济稳定运行。

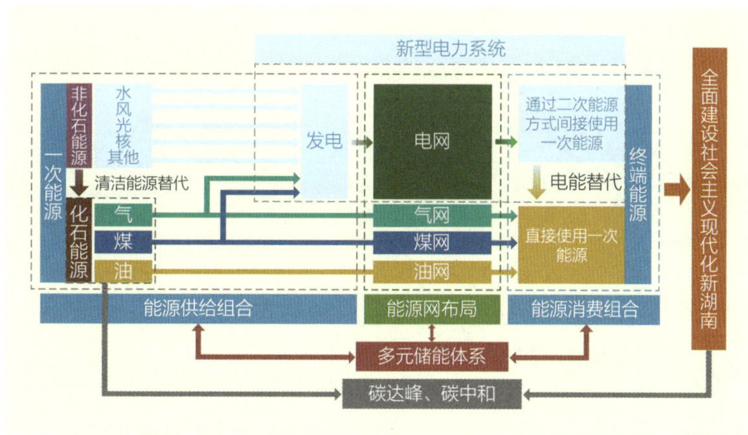

湖南省新型能源体系总体框架

注 图片来自薛禹胜院士团队。

3. 发展路径

基于 CPSSE（cyber-physical-social system in energy，CPSSE）理论框架，结合湖南实际构建了适应湖南能源转型的 CPSSE 能源电力混合动态仿真模型，从能源供给、消费、储能、网络、市场等方面研究“十五五”期间具有湖南特色的新型能源体系发展路径。

CPSSE 理论框架

从信息—物理—社会系统的视角，刻画了多领域要素通过能源流、碳元素流、行为流、资金流、信息流的紧密交互关系。

能源供给

电力供应

至 2030 年：

- 风、光等装机超过 5500 万千瓦
- 新增一回区外来电
- 煤电装机 4200 万千瓦左右

煤炭供应

至 2030 年：

- 保留煤矿控制在 80 处左右
- 规划产能 1600 万吨 / 年以上
- 煤炭产量达到 1400 万吨 / 年

油气供应

“十五五”期间：

- 加快遵义—吉安天然气管道前期工作
- 维持成品油现有供给水平

能源消费

按照“控煤、减油、提气、扩绿”总体思路，持续提升非化石能源消费占比。

石油消费	天然气消费
“十五五”达峰	2040 年前后达峰

多元化储能

电力储能　近期按需适量发展电化学储能，中长期以抽水蓄能为主，压缩空气、电化学储能等作为补充。

化石能源储备　煤炭，重点在岳阳、常德等湖区布局，在南部适当布点支撑煤电发展。
油气，加强本地储气能力建设，优化储气设施布局，补强省内原油储备。

能源网

电网	打造承西启东、连南接北的区域电力交换枢纽
气网	打造“东西贯通、南北互济”天然气区域枢纽
交通网	持续完善省内绿色充电网络

能源市场

坚持能源统一大市场协同发展改革方向，健全完善能源建设、运行、价格“三位一体”工作机制，实现能源市场发展质量、结构、规模、速度、效能、安全、绿色、低碳等多元目标相统一。

4. 建设指标体系

湖南省新型能源体系建设指标体系：从 7 个维度设置了 14 个核心指标及 39 个具体指标。

绿色转型
- 能源清洁供应水平
- 能源低碳消费水平

保障供应
- 能源自给水平
- 能源调入水平
- 能源储备水平

安全韧性
- 稳定供应水平
- 应急响应水平
- 供应可靠水平

经济产业
- 能源效益水平
- 能源产业水平

生态环境
- 环境约束水平

技术创新
- 技术创新水平

市场与区域协同
- 能源市场化水平
- 跨区协同水平

面向湖南新型能源体系的能源－环境－经济协同仿真推演模型

2017 年，薛禹胜院士在 IEEE 总刊（Proceedings of IEEE）发表观点性文章，在国际上首次提出了 CPSSE 理论框架，从信息—物理—社会系统的视角，刻画了多领域要素通过能源流、碳元素流、行为流、资金流、信息流的紧密交互关系。

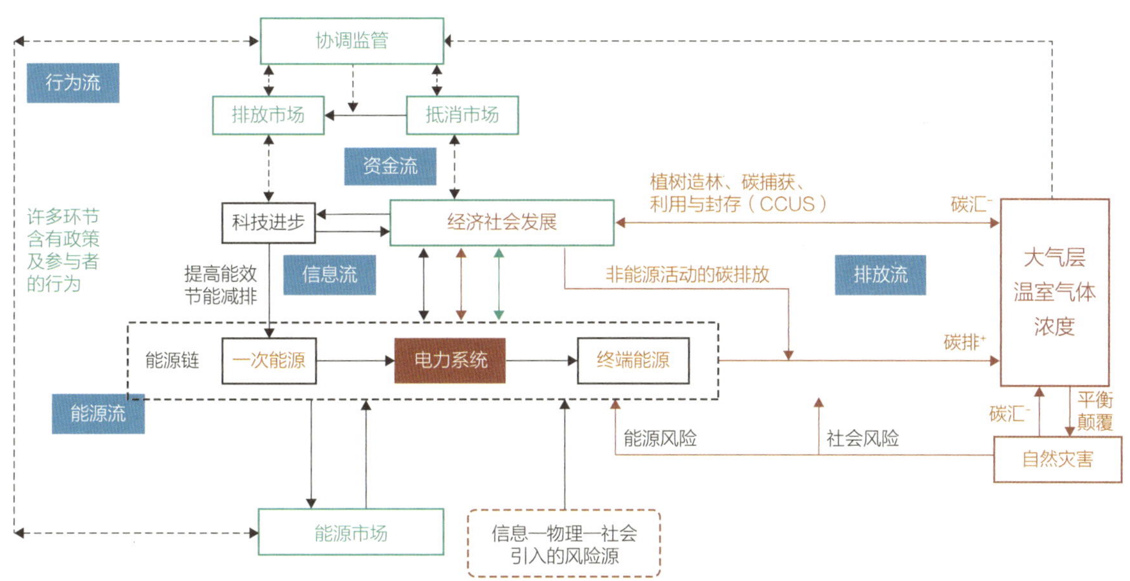

“信息—物理社会—系统”概念下多领域之间联系示意图

湖南省能源规划研究中心与薛禹胜院士团队深入合作，基于 CPSSE 理论框架及 Sim-CPSS 平台，结合湖南实际，建立了面向湖南新型能源体系的能源—环境—经济协同仿真推演模型（简称 CPSSE-HN）。

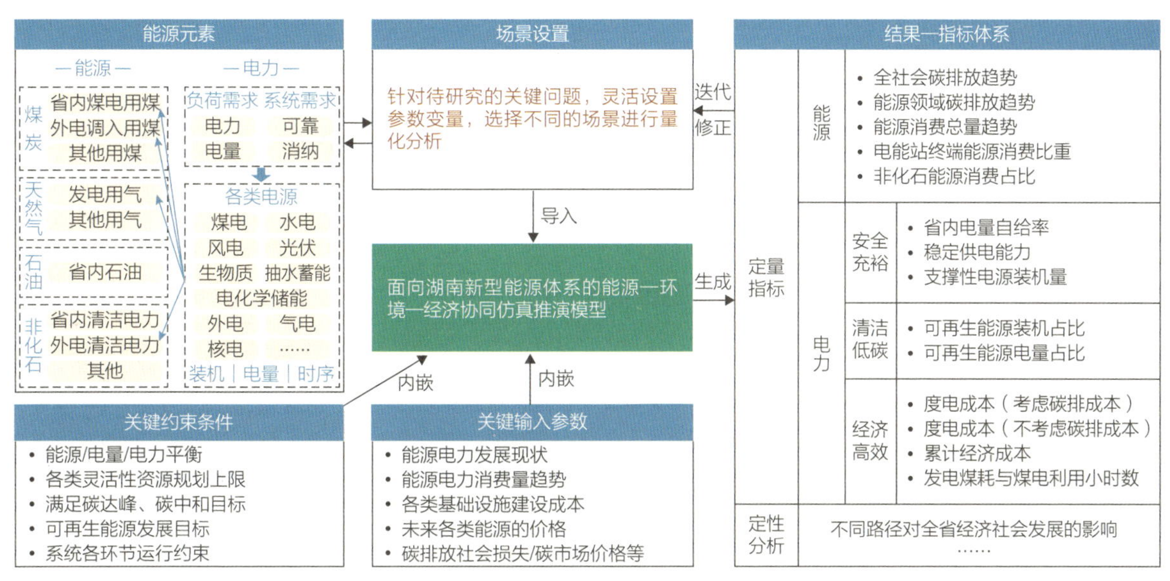

面向湖南新型能源体系的能源—环境—经济协同仿真推演模型

注　图片来自薛禹胜院士团队。

10.4 市场驱动 新型储能发展新图景

2025 年 2 月 9 日，国家发展改革委、国家能源局发布《深化新能源上网电价市场化改革 促进新能源高质量发展的通知》，明确取消新能源项目强制配储政策，标志着储能行业将由“行政驱动”向“市场驱动”转变。

1. 发展现状

全国

截至 2024 年底，全国已建成投运新型储能项目装机规模达 7376 万千瓦 /1.68 亿千瓦时，较 2023 年底增长超过 130%。2024 年，平均储能时长 2.3 小时，同比增加约 0.2 小时。等效利用小时数约 1000 小时[1]，发挥了促进新能源开发消纳、顶峰保供及保障电力系统安全稳定运行功效，有力支撑新型电力系统建设。

电源侧储能	电网侧储能	用户侧储能
平均利用率 31%	平均利用率 59%	平均利用率 58%

湖南省

截至 2024 年底，湖南省已建成投运新型储能项目装机规模达 285.7 万千瓦 /571.4 万千瓦时，同比增长 7.4%，较上年降低 314.8 个百分点；储能深度调峰电量 6.3 亿千瓦时，占比 8.5%，较上年提升 1.4 个百分点；产生交易服务费 1.39 亿元，同比增长 143.8%；平均结算价格 0.219 元 / 千瓦时，同比增长 56.4%。

2. 政策背景

近年来，为解决新能源装机规模快速增长为电网带来的安全挑战和消纳压力，部分地区要求新能源项目必须按比例配套储能设施，但此发展模式存在三方面的问题。

推高新能源项目初始投资

未来随着新能源的全面入市，在项目本身经济效益存在不确定性的情况下，强制配储会进一步影响其经济效益。

新能源配储利用率低下

由于新能源配储仅能通过减少项目弃电来获取收益，在新能源消纳情况较好的地区，储能设施基本上处于建而不用的状态。

新能源配储技术标准缺失

强制配储政策缺乏对储能技术路线、运营模式的科学规划，导致低效设备充斥市场，不利于行业健康发展。

---

[1] 储能平均利用率来源于中国电力企业联合会发布《2024 年电化学储能电站行业统计数据》。

3. 政策实施意义

核心目的：促使储能发展回归技术经济逻辑，通过市场化机制优化资源配置，避免“一刀切”导致的资源错配，推动储能从“政策驱动”向“市场驱动”转型，在市场化竞争中实现行业高质量发展。

政策驱动→市场驱动

构建以价格信号为核心的市场化机制。取消强制配储政策后，储能的配置逻辑从行政指令转向经济性评估，市场化机制成为主导。同时可释放新能源开发企业自主权，可灵活选择自建、租赁或购买辅助服务，优化投资组合。

单一收益→多元化收益

构建“一体多用、分时复用”的收益矩阵，解决新能源配储收益模式单一的困境，通过多场景复用和收益叠加，破解新能源配储利用率不足 40% 的难题。

强制配储→按需配置

打破“一刀切”配储模式，建立分场景、分区域的动态配置机制，储能配置需匹配电网实际需求，在电网关键节点合理布局，避免“为配而配”的资源错配。

价格驱动→价值驱动

以全生命周期价值重塑行业逻辑。短期看，地方强制配储订单减少可能导致储能设备商营收承压，低端产能加速出清。长期看，政策倒逼储能回归“真实需求”，从低价竞争转向技术溢价和服务溢价，实现储能从“成本项”到“价值项”的升级。

4. 未来发展展望

积极探索储能参与市场交易方案，提升竞争能力

取消强制配储后，储能收益来源从政策补贴转向电力市场的灵活参与，应积极探索峰谷价差套利、辅助服务市场、容量市场等交易方案。

积极探索商业模式创新，向多元化服务转型

储能企业应从单一的硬件供应商向多元化系统服务商转型，如用户侧储能场景拓展、虚拟电厂聚合服务、电网侧储能的智能化调度等领域。

存量项目改造与增量项目优化，提升利用率

对已建储能设施进行智能化升级，探索新能源配储改造转为共享储能。新增项目要求配置“可观、可测、可调、可控”功能，提升调用效率。

10.5 新势所趋 分布式光伏迎新政

2025 年 1 月，国家能源局印发《分布式光伏发电开发建设管理办法》，旨在解决行业快速扩张中暴露的问题，是能源转型背景下对分布式光伏行业发展的关键调整，为分布式光伏的可持续发展提供制度保障。

1. 发展现状

截至 2024 年底，全国分布式光伏装机 37478 万千瓦，同比增长 46.1%。其中，户用光伏装机 14515 万千瓦，同比增长 26.6%。湖南省分布式光伏装机 1387.3 万千瓦，同比增长 62.7%。其中户用光伏 346.2 万千瓦，同比增长 14.7%。

湖南新增分布式光伏
全国排位第九

湖南新增分布式光伏
占新增光伏比重为 **86%**

2. 发展新形势

◆ 组件价格大幅降低，光伏全面进入市场化发展阶段

光伏组件价格从 2013 年的 5 元 / 瓦左右降至 0.7 元 / 瓦左右，下降了 86%。度电成本从 2013 年的 0.7 元 / 千瓦时左右降至目前的 0.3 元 / 千瓦时左右，下降了 58%。

◆ 接网消纳成为制约发展的主要矛盾

随着分布式光伏发电爆发式增长，接网消纳成为制约发展的主要矛盾，迫切需要调整管理思路，源网荷储协同发力，促进分布式光伏发电又好又快发展。

3. 实施重点

管理办法覆盖了分布式光伏发电的定义分类和项目全生命周期各阶段的管理要求，涵盖了行业主管部门、投资主体、电网企业等各方的职责要求，形成一套横向到边、纵向到底的支持性、规范性管理体系。

◆ 明确项目定义，分类管理

分布式光伏分类

分类	电压等级	容量	上网模式
自然人户用光伏	≤ 380 伏	—	全额上网、全部自发自用、自发自用余电
非自然人户用光伏	≤ 10 千伏	≤ 6 兆瓦	
一般工商业分布式光伏	≤ 10 千伏（20 千伏）	≤ 6 兆瓦	全部自发自用、自发自用余电
大型工商业分布式光伏	35 千伏	≤ 20 兆瓦	全部自发自用
	110 千伏（66 千伏）	≤ 50 兆瓦	

◆ 明确各方权责，完善项目全生命周期管理机制

行业管理 三级管理机制，明确国家、省级、县级能源主管及相关部门职责。

备案管理 按照“谁投资、谁备案”的原则确定备案主体。

建设管理 项目建设应当严格执行设备、建设工程、安全生产等相关管理规定和标准规范。

接入管理 电网企业针对不同类型的分布式光伏发电项目制订差异化接入电网工作制度。

运行规范 投资主体是项目的安全生产责任主体，依法加强项目全生命周期安全生产管理。

◆ 聚焦消纳瓶颈，注重提升接入电网承载力

建立配电网可开放容量定期发布和预警机制，按季度向社会公布县（市）一级电网不同区域可承载规模信息。

明确“可观、可测、可调、可控”的“四可”要求，为参与电力市场奠定基础。

鼓励分布式光伏独立或通过微电网、源网荷储一体化、虚拟电厂聚合等形式参与调度，鼓励“绿电直供”。

4. 发展展望及建议

根据分布式光伏上网模式，项目收益主要分为自发自用电量节约的电费、上网电量的售电收益两部分。

◆ 自发自用部分

2025 年 1 月，湖南省发展和改革委员会起草了《关于完善我省分时电价政策及有关事项的通知（征求意见稿）》，拟新增 3 个小时的低谷电价（12:00～15:00）。由于光伏午间出力较大，在用户午间电价降低的情况下，项目收益将会在一定程度上降低。

◆ 上网部分

2025 年 2 月，《深化新能源上网电价市场化改革 促进新能源高质量发展的通知》出台，提出推动新能源上网电量全面进入市场。在电力市场中，尤其是现货市场，受午间供需形势的影响，交易价格一般低于燃煤发电标杆电价，项目收益将会在一定程度上降低。

◆ 发展建议

- 分布式光伏将是中东部地区光伏的发展重点，随着“隔墙售电”、绿电直供及源网荷储一体化等就近消纳模式相关政策的进一步理顺，将有望成为分布式光伏发展新增量。
- 探索分布式光伏接入虚拟电厂、配储等发展模式，提升项目的交易灵活性，丰富项目收益渠道，提升项目整体效益。
- 积极参与绿证绿电交易，挖掘环境价值与政策红利，实现项目环境价值的变现。

附表 1：2022—2024 年全国主要能源指标

能源消费

指标	单位	2024 年	2023 年	2022 年	2024 年增速（%）	2024 年占比（%）
能源消费总量	亿吨标准煤	59.6	57.2	54.1	4.3	100
其中：煤炭	亿吨标准煤	31.7	31.6	30.4	1.7	53.2
清洁能源	亿吨标准煤	17.0	15.1	14.0	—	28.6
其他	亿吨标准煤	10.9	10.5	9.7	—	18.2
对外依存度	%	16.4	15.6	13.9	—	—
全社会用电量	亿千瓦时	98521	92241	86477	6.8	100

能源生产

指标	单位	2024 年	2023 年	2022 年	2024 年增速（%）	2024 年占比（%）
一次能源生产总量	亿吨标准煤	49.8	48.3	46.6	4.6	100
其中：原煤	亿吨	47.8	47.1	45.6	1.2	—
原油	亿吨	2.13	2.09	2.05	1.8	—
天然气	亿米 ^{3}	2464.5	2324	2201	6.0	—
发电量	亿千瓦时	99129	92888	87045	6.7	100
其中：火电	亿千瓦时	62069	61019	57450	1.8	62.6
水电	亿千瓦时	14239	12836	13515	10.5	14.4
核电	亿千瓦时	4469	4341	4178	2.9	4.5
风电	亿千瓦时	9968	8858	7624	12.5	10.4
太阳能发电	亿千瓦时	8383	5833	4276	43.7	8.5
发电装机容量	万千瓦	334862	291965	256317	14.6	100
其中：火电	万千瓦	144445	139032	41396	3.8	43.1
水电	万千瓦	43595	42154	41396	3.2	13
核电	万千瓦	6083	5691	5557	6.9	1.8
风电	万千瓦	52068	44134	36564	18	15.5
太阳能发电	万千瓦	88666	60949	39268	45.2	26.5

能源利用效率

指标	单位	2024 年	2023 年	2022 年	2024 年增速（%）	增速变化（%）
单位 GDP 能耗	吨标准煤 / 万元	0.46	0.47	0.47	−3.8	−3.3
单位 GDP 电耗	千瓦时 / 万元	730	713	701	2.5	0.8
火电发电标准煤耗	克标准煤 / 千瓦时	282.6	283.1	283.7	−0.2	0
人均能源消费量	吨标准煤 / 人	4.23	4.06	3.83	4.3	−1.6
人均用电量	千瓦时 / 人	6996	6543	6126	6.9	0.1
人均清洁能源消费量	吨标准煤 / 人	1.21	1.07	0.99	12.7	4.7

附表 2：2022—2024 年湖南主要能源指标

能源消费

指标	单位	2024 年	2023 年	2022 年	2024 年增速（%）	2024 年占比（%）
能源消费总量	万吨标准煤	17200	16721	16694	2.9	100
其中：煤炭	万吨	8215	8395	8348	−2.1	41.6
石油	万吨	3241	3093	3047	4.8	26.3
天然气	亿米 ^{3}	70.0	65.5	56.9	6.8	5.4
非化石能源消费	万吨标准煤	4592	4264	4407	7.7	26.7
对外依存度	%	74.7	77.2	76.8	—	—
全社会用电量	亿千瓦时	2374	2277	2236	4.3	—
调度最大负荷	万千瓦	4611	4165	4043	10.7	—

能源生产

指标	单位	2024 年	2023 年	2022 年	2024 年增速（%）	2024 年占比（%）
一次能源生产总量	万吨标准煤	4350	3875	3949	12.3	—
其中：煤炭	万吨	906	944	800	−4	14.9
一次电力	亿千瓦时	900	673	741	33.7	63.8
发电量	亿千瓦时	1873	1755	1756	6.7	—
其中：火电	亿千瓦时	973	1075	987	−9.4	51.9
水电	亿千瓦时	547	384	534	42.4	29.2
风电	亿千瓦时	210	209	182	0.1	11.2
太阳能发电	亿千瓦时	144	87	53	64.9	7.7
发电装机容量	万千瓦	7735	6820	5778	13.4	—
其中：火电	万千瓦	2951	2829	2522	4.3	38.2
水电	万千瓦	1789	1767	1721	1.3	23.1
风电	万千瓦	1121	972	900	15.3	14.5
太阳能发电	万千瓦	1873	1252	636	49.7	24.2

能源利用效率

指标	单位	2024 年	2023 年	2022 年	2024 年增速（%）	增速变化（%）
单位 GDP 能耗	吨标准煤 / 万元	0.34	0.34	0.36	−1.8	2.5
单位 GDP 电耗	千瓦时 / 万元	446	449	466	−0.7	2.9
火电发电标准煤耗	克标准煤 / 千瓦时	293.5	292.8	294.4	0.2	0.7
火电供电标准煤耗	克标准煤 / 千瓦时	308.6	307.4	310.9	0.4	1.5
人均能源消费量	吨标准煤 / 人	2.63	2.55	2.53	3.3	2.6
人均用电量	千瓦时 / 人	3630	3466	3385	4.7	2.3
人均清洁能源消费量	吨标准煤 / 人	0.84	0.80	0.78	6.0	4.0

附表 3：2024 年全国及部分省份主要指标对比

能源及经济指标

指标	单位	全国	湖南	河南	湖北	安徽	江西	湖南排名
人口总量	万人	140828	6539	9785	5834	6123	4502	2
人口占比	%	100	4.6	6.9	4.1	4.3	3.2	2
GDP	万亿元	134.91	5.32	6.36	6.00	5.06	3.42	3
GDP 占比	%	100	3.9	4.7	4.4	3.8	2.5	3
GDP 增速	%	5.0	4.8	5.1	5.8	5.8	5.1	5
全社会用电量	亿千瓦时	98521	2374	4320	2944	3598	2180	4
用电量占比	%	100	2.4	4.4	3.0	3.7	2.2	4
调度最大负荷	万千瓦	—	4611	8124	5402	6354	3679	4
代理购电价格（逐月平均）	元 / 千瓦时	—	0.465	0.412	0.455	0.437	0.469	2
电力装机	万千瓦	334862	7735	14666	12361	12143	7062	4
其中：火电	万千瓦	144445	2951	7421	4087	6313	3161	5
水电	万千瓦	43595	1789	563	3812	619	680	2
风电	万千瓦	52068	1121	2334	952	899	657	2
太阳能发电	万千瓦	88666	1873	4349	3510	4311	2564	5
电力装机占比	%	—	2.3	4.4	3.7	3.6	2.1	4
发电量	亿千瓦时	99129	1873	3731	3474	3839	1956	5
其中：火电	亿千瓦时	62069	973	2711	1649	3158	1408	5
水电	亿千瓦时	14239	547	146	1306	95	189	2
风电	亿千瓦时	9968	210	449	172	164	139	2
太阳能发电	亿千瓦时	8383	144	425	347	422	220	5
发电量占比	%	—	1.9	3.8	3.5	3.9	2.0	5
单位 GDP 电耗	千瓦时 / 万元	730	446	679	491	711	638	5
人均 GDP	万元 / 人	9.58	8.14	6.50	10.29	8.27	7.6	3
人均用电量	千瓦时 / 人	6996	3630	4415	5046	5876	4843	5

声　明

本报告内容未经许可，任何单位或个人不得以任何形式复制、转载。

本报告相关内容、数据及观点仅供参考，不构成投资等的决策依据，编制单位不对因使用本报告内容导致的损失承担任何责任。

本报告部分数据引自国际货币基金组织、国际能源署、国家统计局、湖南省统计局等单位发布的数据，《2024年煤炭行业发展年度报告》（中国煤炭行业协会）、2024年全国电力工业统计快报等统计资料，以及中国煤炭市场网、上海石油天然气交易中心、上海环境能源交易所、中国碳排放数据库等网络平台数据，在此一并致谢！

湖南省能源规划研究中心简介

湖南省能源规划研究中心成立于 2012 年，由湖南省发展和改革委员会、湖南省能源局授牌，依托中国能源建设集团湖南省电力设计院有限公司专业技术力量组建，主要在政府能源主管部门指导下开展湖南省能源发展战略、规划和政策研究、“双碳”咨询、新技术研究和推广、能源数据收集、项目评估论证等工作，同时作为国家电力规划研究中心湖南分中心，是省内重要的“能源智囊、政府智库”。

中心下设综合处（大数据中心）、能源咨询规划研究院（新型能源系统研究院）、评估咨询处、新能源处、石油化工处等部门，并设有专家委员会（含公司内外专家），共有全职人员约 80 名。

近年来，中心受政府部门委托编制了《湖南省“十四五”能源发展规划》等一批重要规划，完成《适合湖南能源禀赋和用能特点的能源发展思路研究》等重大课题，协助起草《关于完整准确全面贯彻新发展理念做好碳达峰碳中和工作的实施意见》等若干政策文件，牵头完成“十五五”能源发展规划前期研究工作，建设运营湖南省能源信息系统大数据平台。

目前，中心正组织编制湖南省“十五五”能源、电力、可再生、油气规划，开展新型能源体系、新型电力系统、新型储能体系、外电入湘通道等研究工作。

湖南省能源规划研究中心

HUNAN ENERGY PLANNING & RESEARCHING INSTITUTE

地址：湖南省长沙市万家丽中路三段 206 号瑞景大厦　　传真：0731-85546203

电话：18773131307　15974108696　　网址：www.hepdi.ceec.net.cn

湖南省能源协会简介

湖南省能源协会成立于2024年，是在湖南省发展和改革委员会、湖南省能源局指导下，由中国能源建设集团湖南省电力设计院有限公司牵头，国网湖南省电力有限公司、湖南能源集团有限公司、中国石油天然气股份有限公司天然气销售湖南分公司、国家能源集团湖南电力有限公司、五凌电力有限公司、中车株洲电力机车研究所有限公司、特变电工衡阳变压器有限公司、金盘新能源（湖南）有限公司等9家单位共同作为发起单位组织成立。

目前，协会会员涉及煤炭、能源咨询与设计、发电、新能源与综合能源、能源设计咨询施工、能源装备、用能与节能、高校与科研机构等各类型企事业单位和个人共225名，其中单位会员173名，个人会员52名。

协会的主要职责是在政府能源主管部门指导下，搭建政府和企业之间的桥梁和纽带，协助政府引导能源行业发展，发挥行业监督功能，强化行业协调和自律管理；构建综合性服务与信息平台，建立“能源之家”网站，创办《湖南能源》会刊和“湖南能源数字信息化平台”；定期编制和发布行业年度报告《湖南省能源发展报告》，创办“湖湘能源”论坛；开展构建新型能源体系等重点研究，开展学术研究和培训工作，组织交流并推广能源行业改革和发展经验等。

湖南省能源协会
Hunan Energy Association

地址：湖南省长沙市雨花区劳动西路471号东塘大厦　　传真：0731-85546203

电话：15084867166　13786142884　　网址：www.hnnyxh.cn

湖南省能源碳中和发展研究中心简介

湖南省能源碳中和发展研究中心成立于2022年，是经湖南省发展和改革委员会批复，由中国能源建设集团湖南省电力设计院有限公司牵头，联合相关科研院所、行业协会等共同设立，中心主要职责是在政府主管部门指导下，开展“双碳”战略研究、政策咨询、数字平台建设、技术推广和市场服务等工作，为湖南省碳达峰碳中和战略实施提供技术支撑。

近年来，中心在政府主管部门指导下，深度参与湖南省碳达峰“1+1+N”政策体系构建，承担或参与完成了《湖南省能源领域碳达峰研究》《湖南省“十五五”能耗双控向碳排放双控转变实施路径研究》《湖南省重点用能单位节能管理研究》《绿色电力证书制度与节能降碳政策协同运行机制研究》《湖南省电力行业碳排放连续在线监测及试点示范研究》等省级政策研究课题20余项，以及《碳排放监测核算理论、方法与系统研究》《30·60碳达峰碳中和系统解决方案研究》《碳中和目标下碳交易市场体系研究》等省部级重点研发计划项目多项。支撑长沙市、湘潭市获批国家首批碳达峰试点城市，长沙机场绿色能源站项目获批全国首批绿色低碳先进技术示范项目。支持地方政府开展固定资产投资项目节能审查质量评估、节能监察、能源审计第三方核查等工作。

目前，中心受政府主管部门委托，正积极开展能源大数据与碳排放数据融合工作，为湖南省打造一批零碳园区、零碳工厂试点积极提供技术支持；承担湖南省“双碳”平台建设及湖南省重点用能单位能耗在线监测平台运维及升级工作。

湖南省能源碳中和发展研究中心

HUNAN ENERGY CARBON NEUTRALITY DEVELOPMENT & RESEARCH INSTITUTE

地址：湖南省长沙市万家丽中路三段206号瑞景大厦　　传真：0731-85547501

电话：15084867166　13574832133　　网址：www.hepdi.ceec.net.cn